EXTRAIT DU *JOURNAL OFFICIEL* DE LA RÉPUBLIQUE FRANÇAISE DU 19 MAI 1913

## MINISTÈRES DES COLONIES, DE LA MARINE, DU COMMERCE ET DE L'INDUSTRIE

# RAPPORT

### DE LA

## MISSION CHARGÉE D'ÉTUDIER LES CONSÉQUENCES DE L'OUVERTURE DU CANAL DE PANAMA EN CE QUI CONCERNE LES COLONIES FRANÇAISES DES ANTILLES ET D'OCÉANIE

### Deuxième Partie

### OCÉANIE

PARIS

IMPRIMERIE DES JOURNAUX OFFICIELS

31, QUAI VOLTAIRE, 31

1913

## MINISTÈRES DES COLONIES, DE LA MARINE, DU COMMERCE ET DE L'INDUSTRIE

# RAPPORT

### DE LA

## MISSION CHARGÉE D'ÉTUDIER LES CONSÉQUENCES DE L'OUVERTURE DU CANAL DE PANAMA EN CE QUI CONCERNE LES COLONIES FRANÇAISES DES ANTILLES ET D'OCÉANIE

### A

RAPPORT TECHNIQUE DE L'INGÉNIEUR EN CHEF

### 2ᵉ PARTIE. — OCÉANIE

#### CHAPITRE Iᵉʳ

##### EXAMEN DU PROJET D'ÉTABLIR UN GRAND PORT D'ESCALE EN OCÉANIE

§ 1ᵉʳ. — *Trafic du canal de Panama du côté du Pacifique et directions générales qu'il suivra. — Tonnage intéressant pour nous.*

C'est un fait à présent bien certain et connu de tous ceux qui se sont occupés de questions commerciales relatives au canal de Panama que les Américains ont entrepris ce grand ouvrage, non pour en retirer un revenu immédiat, mais pour augmenter leur puissance militaire et pour ouvrir aux pays manufacturiers de l'Est des Etats-Unis les marchés du Pacifique. Parmi ces marchés, se trouvent les pays anglais d'Australasie. On voit du premier coup que ce sont les seuls dont le trafic puisse intéresser nos colonies d'Océanie. Les directions que peut suivre la navigation en partant de Panama vers l'Ouest, en effet :

Vers l'Amérique du Sud occidentale.
Vers l'Amérique du Nord occidentale.
Vers l'Extrême-Orient.
Vers l'Australasie.

Et, sauf cette dernière, toutes les lignes passent loin de l'Océanie française.

Dès à présent, l'Australasie est en relations d'affaires avec les Etats-Unis de l'Est, mais elle reste principalement cliente de l'Angleterre, et même une partie du commerce entre les Etats-Unis et l'Australasie se fait par l'intermédiaire de l'Angleterre.

Le trafic entre l'Europe et l'Australasie se fait par le canal de Suez pour les navires rapides et par le Cap de Bonne-Espérance pour les cargos.

De Liverpool à Sydney par le canal de Suez, il y a 12,235 milles, tandis que de New-York à Sydney par le Cap de Bonne Espérance il y a 13,743 milles. L'Angleterre est donc à présent notablement plus près d'Australie que les Etats-Unis (différence 1,508 milles). Mais, après le percement du canal de Panama, New-York ne sera plus qu'à 9,811 milles de Sydney et la différence sera de 2,424 milles en sens inverse.

Il y a donc des chances pour qu'un jour le commerce de l'Australasie se fasse en grande partie par le canal de Panama et se dirige vers les Etats-Unis. C'est un avenir qu'il faut prévoir, quoique on ne puisse le considérer comme immédiat.

Le commissaire américain chargé d'étudier le trafic probable du canal, Mr Emory R. Johnson, s'est placé sur un terrain plus actuel. Il a recherché quel est le commerce effectivement existant en 1910 qui aurait eu intérêt à passer par le canal si cette voie avait été ouverte en cette année; puis il a fait observer que le commerce des contrées étudiées se développe d'année en année selon une certaine proportion; et il a appliqué cette proportion à ses résultats pour calculer le trafic probable du canal vers 1915 et les premières années qui suivront l'ouverture. Il convient lui-même que les résultats ainsi obtenus seront probablement en défaut pendant quelques années, parce qu'il faut au commerce le temps de changer ses habitudes. Sous cette réserve, la méthode me semble irréprochable.



En ce qui concerne l'Australasie, les résultats seront probablement en fait beaucoup plus forts, parce que la méthode du commissaire américain suppose que le commerce de ces contrées continuera à se faire avec l'Europe, et dans ces conditions une notable partie passerait par Suez de préférence à Panama, car Liverpool est plus près d'Australie par Suez, tandis que très probablement ce commerce passera aux Etats-Unis et dès lors se fera entièrement par Panama.

Je conclus que les chiffres donnés par M. Emory R. Johnson seront probablement supérieurs à la réalité en 1916 et seront au contraire dépassés par les résultats en 1925, par exemple.

Le rapport du commissaire américain ne donne pas immédiatement le tonnage qui nous intéresse, savoir celui des navires allant de Panama en Australie et *vice-versa*, mais il est facile de les extraire et voici le tableau qu'on obtient (j'aurai d'ailleurs l'occasion de revenir sur quelques points de l'application de la méthode (voir plus loin chapitre 1ᵉʳ, § 6).

*Tonnage net des navires qui auraient eu avantage en 1910 à passer par le canal, se rendant en Australie, Nouvelle-Zélande et îles du Pacifique ou provenant de ces contrées.*

Venant de :

| | |
|---|---|
| Europe | 452.127 |
| Etats-Unis de l'Est | 273.000 |
| Canada (Est) | 4.326 |
| Total pour la direction Est-Ouest | 729.453 |

Allant à :

| | |
|---|---|
| Europe | 501.907 |
| Etats-Unis de l'Est | 90.000 |
| Canada (Est) | » |
| Total pour la direction Ouest-Est) | 591.907 |

M. Emory R. Johnson établit que le commerce de ces contrées augmente régulièrement d'année en année suivant une progression géométrique telle que l'accroissement en cinq ans est d'environ 26 p. 100 et en dix ans de 59 p. 100. Si nous faisons application de cette règle aux chiffres ci-dessus nous pourrons calculer le tonnage probable qui nous intéresse pour les années 1915 et 1925 :

Vers l'Australasie, venant de Panama :

| | |
|---|---|
| En 1915 | 919.000 |
| En 1925 | 1.160.000 |

Vers Panama, venant d'Australasie :

| | |
|---|---|
| En 1915 | 746.600 |
| En 1925 | 941.000 |

§ 2. — *Routes possibles et intéressantes pour la France entre Panama et l'Australasie.*

Il est extrêmement vraisemblable que la plupart des navires se rendant en Australasie passeront par la Nouvelle-Zélande et feront escale à Auckland; il se peut cependant qu'il y en ait qui feront route directement pour Sydney ou pour Wellington. Si l'on trace sur la carte pour la navigation par arcs de grand cercle les deux lignes allant vers Auckland et Sydney, on voit que les deux routes passent dans le Sud de nos établissements en Océanie, près de l'île de Rapa. (La ligne allant vers Wellington passerait encore plus au Sud.)

Nous allons voir dans la suite qu'il serait très intéressant pour les établissement français de faire adopter par la navigation une route détournée passant par Tahiti. Si l'on trace cette route sur la carte pour la navigation par arc de grand cercle, on voit qu'elle coupe l'archipel des Tuamotu qui a la réputation d'être très dangereux; nous aurons donc à examiner un tracé qui évite cet archipel en le contournant vers le Nord; l'on voit immédiatement que la ligne que l'on tracerait ainsi passe très près des îles Marquises, presque à toucher la plus méridionale qui porte le nom de Fatuhiva, de sorte qu'il sera utile pour les navigateurs de reconnaître cette île.

Nous avons donc trois routes possibles :

1º Directement par le sud des Gambier;
2º Par Tahiti en traversant les Tuamotu;
3º Par Tahiti en reconnaissant Fatuhiva et contournant les Tuamotu.

Voyons d'abord qu'elle est l'importance des différence de longueur.

Si l'on veut calculer les différences au moyen du tableau officiel des distances publié par le Gouvernement français, on s'aperçoit que les calculs du tableau ont été faits pour un autre objet et se prêtent mal à une comparaison de ce genre. Par une mesure directe sur la carte à arcs de grand cercle, on trouve que l'allongement de parcours entre Panama et Auckland pour passer par Tahiti à travers les Tuamotu serait d'environ 180 milles. Entre Panama et Sydney l'allongement serait un peu moindre et entre Panama et Wellington sensiblement plus fort.

Pour apprécier l'augmentation supplémentaire résultant du détour par le nord des Tuamotu, un moyen très simple consiste à tracer sur la carte marine 5038 une portion de l'arc de grand cercle allant de Tahiti à Panama, et à abaisser sur cet arc une perpendiculaire partant de Matahiva. La distance de Panama au pied de cette perpendiculaire est sensiblement la même que celle de Panama à Matahiva; on a donc facilement la différence cherchée, on la trouve égale à 75 milles.

Pour le parcours probablement le plus important, de Panama à Auckland, l'allongement définitif est donc de 255 milles. C'est considérable, et il me semble illusion que de croire que l'on peut négliger cette différence.

On a dit, il est vrai, que le désavantage en longueur de la route du Nord plus que compensé par une navigation plus facile. Dans un rapport à ce sujet, présenté au gouverneur des établissements français le 17 novembre 1904, le commandant Adigard disait :

« Au point de vue maritime, la différence entre les deux routes Panama-Rapa-Auckland et Panama-Papeete-Auckland est, il est vrai, de 250 milles, en contournant les Tuamotu par l'Ouest, soit que l'on suive l'arc de grand cercle, soit que l'on s'en tienne à la route loxodromique. C'est à peu près le seul avantage dont puisse arguer l'auteur du projet : encore est-il plus apparent que réel. En navigation en effet on ne se borne pas à tracer les routes sur la carte et à les mesurer au compas; on tient compte, en outre, de la direction probable du vent et de la mer que l'on rencontrera. Dans le trajet Panama-Rapa et Panama-Tahiti, les circonstances de temps sont à peu près identiques; mais il n'en est plus de même pour la partie du voyage qui se fait dans le bassin occidental du Pacifique. De Tahiti en Nouvelle-Zélande, on peut compter sur des beaux temps constants. De Rapa à Auckland, au contraire, on tombe dans la région des vents variables, avec six mois de vent frais dominant de la partie de l'Ouest, et forte houle de la même direction. Pendant les six autres mois, les vents et la mer viennent communément de l'Est, mais avec beaucoup plus de force que dans le trajet septentrional. On aura donc toujours entre Rapa et Auckland, soit à l'aller, soit au retour des mauvais temps qui retarderont la marche, augmenteront la dépense de combustible et fatigueront coques et machines. Aucun marin expérimenté ne s'exposera, de gaité de cœur, à ce risque quand il suffit pour l'éviter de sacrifier seize heures environ sur une traversée de dix-huit jours, escales non comprises. (Je suppose un bâtiment filant 15 nœuds, vitesse ordinaire des paquebots qui relient l'Australie à la côte de l'Amérique du Nord.)

« Quant aux courants généraux, il n'y a pas lieu de s'y arrêter, ce qui est perdu dans un sens étant gain dans le sens contraire. »

L'avis d'un navigateur expérimenté comme le commandant Adigard est considérable, mais il est permis de se demander si ses conclusions ne sont pas un peu trop absolues. La description qu'il fait des conditions climatériques de la région non tropicale ne semble pas justifier entièrement ses conclusions. Il la décrit comme une région de vents variables ; cela correspond bien aux données générales de la météorologie : les vents n'ont pas dans les régions dites tempérées la régularité des régions tropicales. Il ajoute que les vents dominants sont d'Ouest pour une moitié de l'année et d'Est pour l'autre, de sorte qu'ils seraient tantôt favorables, tantôt contraires, et de ce fait on ne trouverait pas un inconvénient constant. Ce qui paraît déterminer surtout l'opinion du commandant, c'est l'état de la mer qui, d'après lui, est constamment mauvaise. Peut-être y a-t-il un peu d'exagération, car les instructions nautiques recommandent l'arc de grand cercle pour le voyage de l'Ouest à l'Est, en se basant sur ce que les vents d'Ouest sont prédominants.

D'ailleurs, le passage de Tahiti ne fait pas éviter absolument la zone incriminée, il réduit seulement la longueur du parcours dans cette région. Cette zone où le climat n'est plus tropical doit commencer vers 27° de latitude et l'on peut voir, en se reportant à la carte, pour la navigation par arcs de grand cercle, que le parcours Tahiti Auckland y est compris pour une part assez notable. Il ne faut pas oublier, d'ailleurs, que la zone tropicale est sujette aux cyclones, ce qui a bien ses désavantages aussi.

L'opinion du commandant Adigard est loin d'être tout à fait générale. M. André Lebon, président du comité central des armateurs de France, consulté par le ministre des colonies, disait, le 10 juillet 1905 :

« La route que les vapeurs suivront pour se rendre de Panama à Sydney et vice versa sera vraisemblablement toujours celle passant par Rapa, qui est plus saine et plus courte que celle passant par Fatuhiva.

Cette appréciation est celle de capitaine ayant une longue carrière maritime et ayant navigué dans l'Océan Pacifique sur les navires à vapeur ou à voiles qu'ils commandaient » (1).

Le service des instructions nautiques, consulté aussi par le ministre des colonies, rejetait la route par le Sud, en donnant comme motif que cette route traverse une région mal connue et où se trouvent des récifs de position douteuse. Cette raison disparaîtrait le jour où on aurait fait une bonne hydrographie de la région. L'opinion du service des instructions nautiques changerait sans doute alors.

Je conclus qu'il serait imprudent de considérer comme certain que les facilités de la navigation compensent la longueur du deux parcours. Et comme conséquence je recommande de chercher à réduire cette différence le plus possible en rendant facile la traversée des Tuamotu, s'il ne se révèle pas une impossibilité. Je reviendrai sur ce sujet dans le chapitre consacré à l'éclairage de la route.

Les navires peuvent d'ailleurs avoir une autre raison de faire un détour par Tahiti, c'est d'y prendre du charbon s'il n'y a pas dans une position plus favorable ; cela peut être une raison dominante, et le navire peut y trouver des avantages qui compensent l'allongement de parcours. C'est ce que je vais examiner dans le paragraphe suivant.

### § 3. — *Raisons qui peuvent déterminer une escale.*

Dans les voyages modernes, on s'arrête surtout pour prendre ou laisser des marchandises, ou pour prendre du charbon. Les autres raisons qui déterminaient autrefois les escales ont beaucoup perdu de leur importance : on n'a plus

(1) Citation donnée par M. de Larmina dans son rapport de mission.

besoin de vivres frais, depuis que la conservation par le froid permet d'avoir constamment sous la main d'excellentes provisions ; le besoin d'eau a beaucoup diminué aussi ; enfin, sauf le cas d'accident, on ne fait guère radouber un navire qu'à sa tête de ligne. Une seule considération, peut-être, en dehors du fret et du charbon, pourrait influer sur les escales des paquebots : c'est la nécessité de reposer et de distraire les passagers. C'est une considération importante. De Panama à Auckland directement par un paquebot faisant quinze nœuds il y aurait dix-huit jours et demi de mer sans escale ; il est certain que les passagers seraient un peu fatigués et probablement de mauvaise humeur : il serait peut-être prudent de leur ménager quelques heures à terre dans un endroit agréable, si c'est possible, même au prix d'un allongement du voyage. Mais c'est là, selon moi, une considération secondaire dont on ne tiendra compte que si l'escale présente d'autres avantages.

En dehors du trafic propre du lieu d'escale, c'est donc le charbon qu'on va, en général, chercher, et l'on décide une escale si les avantages en argent qu'on en peut retirer excèdent les dépenses supplémentaires qu'elle occasionne. Toute la théorie des escales à charbon tient dans ces quelques mots de M. Emery R. Johnson, dans sa déposition devant le comité de la Chambre des représentants des États-Unis :

« Les longues lignes droites sont à éviter, si je puis ainsi parler, monsieur le président, parce que le trafic est à présent principalement assuré par des vapeurs qui évitent autant que possible de prendre une grande partie de leur déplacement pour du charbon au lieu de marchandises. »

Pour étudier l'utilité d'une escale dans le trajet de Panama à Auckland, je vais prendre un exemple concret hypothétique. Je ferai donc mes calculs pour un navire de 4,000 tonnes de jauge nette, ayant une machine de 2,500 chevaux et pouvant faire 10 nœuds en consommant 48 tonnes de charbon par jour. S'il va directement de Panama à Auckland, il mettra 27 jours 7 et devra embarquer au départ 1,330 tonnes de charbon. S'il fait escale à Tahiti, en contournant les Tuamotu, il n'aura plus que 18 jours, 9 de navigation et pourra se contenter de 907 tonnes de charbon, soit 423 tonnes de moins. Cela fait de la place pour du chargement et le tout est de savoir si cette disponibilité est utilisable et dans quelles conditions. D'abord si on ne trouve pas de fret en abondance, si le navire est obligé de partir avec un chargement incomplet, il est clair qu'on n'a que faire de cette place libre et qu'il vaut mieux embarquer du charbon à Panama où on l'obtiendra à meilleur marché. Mais si je suppose au contraire que le fret est très abondant, et qu'on en peut obtenir plus que le navire ne peut en prendre, les choses changent. Si ce fret est lourd et paye aux 1,000 kilogr., on pourra en embarquer 423 tonnes de plus ; si c'est de la marchandise payant à l'encombrement, on pourra en prendre davantage, peut-être 600 tonnes. Admettons un chiffre de 500 tonnes. Actuellement le fret sur la Nouvelle-Zélande et l'Australie doit être au moins de 60 fr., c'est presque le minimum du tarif des Messageries Maritimes. Mais on peut compter sur une diminution causée précisément par l'ouverture de la nouvelle voie ; il est peu probable cependant que ce prix descende au dessous de 40 à 50 fr. avant longtemps. La recette brute procurée au navire sera donc de 20,000 à 25,000 fr. Voyons quelles sont les dépenses supplémentaires qui viennent en compensation.

D'abord il faudra acheter à l'escale les 423 tonnes de charbon qu'on n'a pas emportées de Panama, et ce sera plus cher : admettons que le charbon coûte 25 fr. à Panama et 40 fr. à Tahiti, ce sera 15 fr. de plus par tonne, soit 6,345 fr. Puisque je me place ici dans l'hypothèse d'un détour par Tahiti et le nord des Tuamotu, je dois considérer qu'on aura 255 milles de plus à faire, soit une dépense en charbon de 51 tonnes au prix fort coûtant 2,040 fr. Enfin le navire a des frais supplémentaires tenant à la prolongation de son voyage par suite du détour et du stationnement dans le port d'escale ; on compte qu'un navire en route dépense, charbon non compris, environ 10 fr. par mois et par tonne de jauge nette. L'escale de Tahiti fait perdre deux jours ; un d'arrêt et un de prolongation par allongement de route, cela fait 2,667 francs. Je néglige volontairement les taxes de port : pilotage, tonnage, ancrage et autres, parce qu'il peut être nécessaire de les modifier, si l'on veut faire de Tahiti un port très fréquenté.

Voici donc la liste estimative des recettes et des dépenses supplémentaires occasionnées par l'escale.

*Recette nette possible de 20,000 à 25,000 fr.*

| Dépenses supplémentaires : | |
| --- | --- |
| Excédent de prix du charbon | 6 345 |
| Consommation en plus | 2 040 |
| Prolongation de voyage | 2 667 |
| Total | 11 052 |

On voit qu'il reste un profit considérable. Dans les conditions où je me suis placé, l'escale aura donc lieu. On voit en même temps quelles sont les causes qui peuvent influer sur la décision à prendre :

Abondance du fret.

Son prix.

Prix du charbon à l'escale comparé au prix de la dernière escale précédente.

Durée du séjour dans le port.

Taxes du port.

Je ne me propose pas de discuter en détail l'influence de ces diverses causes. Je ne rechercherai pas davantage les variations possibles des chiffres précédents pour les différentes grandeurs de navires et les différentes vitesses. Il me suffit à présent de constater que l'escale est possible, même avec l'important détour par le nord des Tuamotu et Tahiti. Je ferai remarquer en passant combien ce détour est important et combien on aurait tort de le négliger sous le prétexte que 255 milles sont peu de chose sur un voyage de 6,639 ; en fait, sur 11,000 fr. de frais supplémentaires, plus de 3,000 sont dus à ce détour, de sorte que si l'on pouvait le supprimer on pourrait vendre le charbon 5 fr. plus cher, ce qui est énorme.

### § 4. — *Choix d'une escale au point de vue technique pur.*

Si l'on consulte la carte pour la navigation par arc de grand cercle, on voit que la route de Panama à Auckland ou à Sydney passe près des Galapagos, des Marquises, des îles de la Société, des autres archipels français et des îles de Cook.

Ce sont là les seuls points où une escale ait chance de réussir.

Les Galapagos n'intéressent pas la France. Une escale établie dans ces îles diminuerait sensiblement le long parcours de Panama à Auckland, mais ce qui en resterait serait encore assez long pour motiver une escale dans nos possessions. Les Galapagos sont exactement sur la route et à 950 milles environ de Panama. On pourrait recommencer sur le trajet Galapagos-Tahiti le même calcul que nous avons fait pour le trajet Panama-Tahiti et les chiffres différeraient à peine. Il n'y a donc pas là de concurrence inquiétante. On peut faire le parcours avec deux escales au lieu d'une et cela n'en vaudra que mieux.

On peut évidemment imaginer des cas où l'existence de l'escale des Galapagos dispensera de s'arrêter à Tahiti, mais la longueur du trajet des Galapagos à Auckland (5,700 milles) est encore trop grande pour que la majeure partie des navires n'aient pas intérêt à s'arrêter.

Vers l'autre extrémité du parcours on trouve l'archipel de Cook, Anglais qui est placé à peu près comme Tahiti, mais un peu plus près d'Auckland, par conséquent en moins bonne situation. Néanmoins la concurrence de cet archipel pourrait être dangereuse s'il y existait des ports commodes. Heureusement pour nous il n'en est rien. M. l'ingénieur Volmat dit à ce sujet : « Leurs meilleurs ports, Aratui et Avarua à Rarotonga, ne sont pas, à proprement parler, des ports, mais d'étroites coupures dans le récif : le mouillage des grands navires, purement forain, n'est nullement abrité. » Cette appréciation est confirmée par tout ce qui nous a été dit à nous-mêmes et par l'examen des cartes marines.

Restent les archipels français qui sont les mieux placés. Dans une large mesure, il dépend du Gouvernement français de fixer la place de l'escale, parce que le succès dépend en grande partie des commodités qu'on y trouvera, de la facilité d'entrée et de sortie du port, de la sécurité de ce port et des moyens de charbonnage rapide pouvant raccourcir le temps perdu. Nous avons vu que, même avec détour par les Marquises et Tahiti, l'escale reste avantageuse, à plus forte raison le serait-elle si on l'installait dans une île plus rapprochée de l'arc de grand cercle.

Sous le point de vue de la réduction de longueur de la route, on ne trouverait pas mieux que l'île française de Rapa, rattachée administrativement aux Tubuaï. Cette île a depuis longtemps attiré l'attention. Sur la carte marine 5038, on peut voir qu'elle est à toucher l'arc de grand cercle. Il suffit de se reporter à ce que j'ai dit dans le paragraphe précédent pour comprendre l'importance de cette position. Si donc je ne conclus pas au choix de Rapa, ce n'est pas que je méconnaisse ses avantages, mais je crois qu'il y a autre chose à considérer. D'abord il faut examiner si le port se ferait aisément à Rapa, s'il serait bon, s'il ne coûterait pas trop cher à construire, et si le succès ne serait pas compromis par d'autres causes. En fait, ce qui paraît devoir déterminer le choix du Gouvernement, c'est une considération économique de haute importance que je renvoie au prochain paragraphe. Je ne veux ici que faire dans la mesure du possible une comparaison technique entre les deux ports.

J'aurai plus loin à faire une étude assez approfondie du port de Papeete: on verra comme les questions qui se posent sont complexes et difficiles à résoudre pour un port relativement bien connu. On serait exposé à faire fausse route en bien des circonstances si on ne possédait un corps de renseignements, encore insuffisants d'ailleurs, mais singulièrement plus solide que ce l'on possède sur Rapa. Très peu de marins sont allés à Rapa, personne n'y a séjourné longtemps, on n'a que des appréciations assez vagues, dépendant peut être des impressions antérieures des marins qui s'y sont trouvés amenés, Cela et une carte marine bien faite, c'est tout ce qu'on possède. Assez souvent, dans les discussions, cette ignorance où l'on est réellement des conditions du port de Rapa a servi à ceux qui le préconisent : ils l'ont doué de cent belles qualités, aussi difficiles à nier qu'il serait difficile de les justifier réellement, Ce que je vais en dire est donc sujet à bien des restrictions. Très probablement si l'on voulait construire un port à Rapa, on découvrirait des difficultés que je ne puis soupçonner.

D'abord, Rapa présente une nappe d'eau bien abritée. M. Raoulx, à présent président de la chambre de commerce de Papeete, autrefois capitaine marin, qui a eu l'occasion de séjourner quelque peu à Rapa, dit cependant qu'on est exposé à y recevoir inopinément des coups de vent de l'Ouest, venant littéralement de la montagne, qui ne sont pas sans quelque inconvénient ; mais il serait probablement excessif de les considérer comme dangereux pour un navire bien amarré. Si l'on ne considère avec moi que la partie profonde du port, on verra que le vent d'Est y pénètre librement, mais je crois que ce n'est pas ordinairement le plus fort. Ce qu'il importe d'examiner le plus attentivement, c'est l'abri de la mer ; une nappe d'eau calme est, en effet, la première nécessité d'un bon port. Sous ce point de vue, Rapa jouit d'une bonne réputation, et je n'en suis pas étonné.

Au premier coup d'œil sur la carte, on est porté à croire que le port est ouvert à la houle d'Est comme au vent. Mais c'est une illusion. Si l'on relève deux profils suivant deux directions, le premier Est un peu Nord, le second Est à peu près exact, comprenant entre eux la passe, on peut voir quel obstacle les récifs de Rapa opposent à la propagation de la houle. La marée ordinaire est de 0,92 ; même en admettant une marée exceptionnelle de 1,50 ou 2 l'obstacle serait encore très sérieux, non par sa hauteur, car il ne dépasse pas le zéro des basses mers et serait couvert en marée haute d'une épaisseur d'eau notable, pas sa largeur qui est énorme. Le plus étroit des deux profils a encore près d'un kilomètre de mer peu profonde. Il y a là de quoi user la force d'une lame très violente.

La situation de Rapa n'est pas sans analogie avec celle de la Pointe à Pitre à la Guadeloupe, où l'on est défendu, non par un obstacle élevé, mais par des bancs étendus couverts d'une faible épaisseur d'eau, et la réputation de la Pointe à Pitre est excellente.

J'admets donc que l'abri offert par le port de Rapa est bon et qu'il n'y aurait probablement pas lieu de l'améliorer par la construction de jetées.

La profondeur dans le port est en général plus que suffisante, mais il semble exister quelques hauts fonds qui nécessiteraient des dérochements.

La passe est sinueuse et difficile; on serait obligé de la redresser par des dérochements importants. J'ai tracé sur la carte, sans autre prétention que d'indiquer une solution admissible *a priori*, une passe à deux alignements avec largeur de 200 mètres vers le large et de 100 mètres à l'intérieur. Il est clair que les sondages ne sont pas assez serrés pour faire une cubature, mais il est probable qu'il y aurait là un sérieux travail à faire. On ne connaît pas la nature de la roche à enlever : il faudrait pour étudier la question faire des forages extrêmement laborieux. Rien ne permet de conclure de ce qui se passe à Papeete à ce que l'on rencontrerait à Rapa. L'importance et la difficulté des dérochements sont donc inconnues.

Il ne serait certainement pas opportun de faire à Rapa des quais à marchandises, car le commerce de l'île sera toujours nul. Il faudrait se contenter d'un parc à charbon.

La route Auckland Rapa est facile et saine, et il en est de même de la route Panama Rapa, sous condition de passer entre l'île Oeno et le récif Portland, ce qui n'allonge pas. Un phare serait nécessaire sur Rapa et serait sans doute suffisant avec le balisage de la passe.

On trouve, paraît il, de l'eau en abondance qu'il suffirait de capter, mais on n'a aucun jaugeage, et il faut se défier des appréciations ; pour être sûr de la valeur d'une source, il faut des jaugeages poursuivis pendant un an ou deux.

Il faudrait, bien entendu, installer un village d'employés et d'ouvriers avec magasins renfermant toutes les choses nécessaires à la vie, car l'île est improductive et habitée seulement d'une ou deux centaines d'indigènes qui ne font à peu près rien.

L'exécution des premiers travaux à Rapa, jusqu'à la réussite de l'escale, serait difficile et coûteuse au delà de ce qu'on peut imaginer, à cause de l'éloignement de toute ressource et de la fréquentation nulle de l'île. Le phare, les captations d'eau, le village à établir et les dérochements de la passe coûteraient au moins le triple du prix de pareils travaux à Tahiti. On pourrait ajourner les constructions coûteuses du parc à charbon jusqu'à la réussite au moins partielle, qui amènerait des navires et diminuerait considérablement les dépenses, mais encore faudrait-il faire quelque chose pour amener les premiers clients. On ne peut guère donner de chiffres, mais deux ou trois millions seraient probablement insuffisants pour avoir l'entrée du port, l'éclairage et un rudiment d'outillage. En cas d'insuccès toujours possible, toute la dépense est faite en pure perte. Rapa n'ayant par lui-même aucune valeur. Si, par exemple, la navigation au pétrole venait à se généraliser, et que l'escale devint inutile, il ne resterait qu'à évacuer Rapa et porter en perte toute la dépense qu'on y aurait faite.

Les conditions de Papeete sont toutes différentes. Je suis obligé ici d'anticiper sur ce qui sera expliqué plus loin. Le port de Papeete est protégé par un récif qui ne lui donne, selon moi, qu'un abri incomplet et insuffisant, mais il est facile de compléter cette protection. L'on trée à besoin d'une amélioration relativement facile aussi. Enfin, il faut construire plusieurs phares. Tout cela est coûteux, mais probablement moins que les travaux à faire à Rapa, parce que les conditions du travail sont meilleures. Les résultats sont plus sûrs aussi, Papeete étant bien mieux connu.

Le défaut de Papeete, c'est d'être à l'écart de la route, et ce défaut est grave, mais on pourra, selon moi, l'atténuer sensiblement en adoptant plus tard la route par les Tuamotu, qui réduira l'allongement à 180 milles environ, et dans ces conditions le défaut sera sensiblement réduit. Sauf ce désavantage d'être en dehors de la route, et il ne faut cependant pas s'en exagérer l'importance, Papeete n'a que des avantages, et il faut ajouter qu'en cas d'insuccès de la station de charbon les ouvrages construits à Papeete resteraient utiles à la colonie, si utiles même qu'on peut dire que la perte serait minime. On ne risque rien à faire à Papeete des travaux rationnellement dirigés: notre colonie est, il est vrai, en ce moment dans un état languissant, mais la création d'un port important n'y serait sans doute pas immédiatement justifié par des besoins locaux, mais elle ne peut rester indéfiniment dans cet état, surtout lorsque l'ouverture de la nouvelle voie maritime aura fait cesser l'isolement où elle se trouve à présent. Il se produira tôt ou tard une poussée; les terres à présent incultes seront utilisées, la population augmentera et la colonie jouira d'une prospérité réelle. Lorsque les établissements français de l'Océanie seront ainsi arrivés à leur développement, le port que nous projetons ne sera pas trop grand. J'ai donc le droit de dire que le travail ne sera pas perdu, même si la station de charbon n'a pas toute l'importance que je suppose.

On avait mis en avant, pour préférer Rapa à Tahiti, une autre considération, celle de la mine de charbon de Rapa. Dès 1867, M. Méry, lieutenant d'artillerie, fut envoyé pour l'étudier. Il résulte de son travail, d'après la *Géographie physique et politique des établissements français de l'Océanie*, par M. F.-V. Picquenot, excellent ouvrage trop peu connu, que l'on serait en présence d'une mine de lignite, c'est-à-dire d'un combustible médiocre, peu propre à la navigation. Ce renseignement est confirmé par l'analyse d'échantillons rapportés par M. Volmat.

Au surplus, la qualité du charbon fût-elle meilleure, on ne peut tabler sur une mine non exploitée ni explorée sérieusement pour établir une affaire comme celle dont je m'occupe ici.

Pour compléter cet examen technique des diverses escales possibles, il me reste à dire un mot des Marquises. Elles sont encore plus en dehors de la route que Tahiti, et leurs ports sont, paraît-il, moins bons que Papeete. Sans cela, elles auraient l'avantage d'être plus près du milieu de la distance entre Panama et Auckland.

Sous le point de vue technique, on peut donc dire que la discussion se circonscrit entre Tahiti et Rapa et que, si l'on n'avait en vue que des considérations techniques absolument dégagées de toute autre, l'indécision serait permise. Le paragraphe suivant sera consacré à l'examen de la question sous un autre point de vue et, selon moi, c'est cet examen qui sera décisif.

§ 5. — *Choix d'une escale au point de vue des intérêts nationaux.*

Les navires qui fréquenteront ces lignes seront principalement des navires non français. Cela paraît hors de doute. Les Américains espèrent bien développer leur marine assez pour que ce soit leur propre flotte qui assure les transports sur ces lignes nouvelles ouvertes par eux. Ils ont déjà commencé à prendre leurs dispositions pour cela, et rien ne permet de croire qu'ils renonceront facilement à atteindre ce résultat. En tout cas il est difficile d'espérer que ce sera la marine française qui leur disputera la place. Je serais heureux de me tromper sur ce point; et, s'il m'était démontré que notre marine doit dominer sur la route de Panama à la Nouvelle-Zélande, peut être devrais-je retoucher mon raisonnement et mes conclusions.

Pour le Gouvernement français, l'intérêt des navigateurs n'est donc pas primordial. Il s'agit de leur rendre service et d'obtenir d'eux, en échange, des avantages réels pour la France. Le bénéfice sur la vente du charbon est un de ces avantages ; et, si la vente est faite par une maison française qui en recueille d'importants revenus, ce sera certes un excellent résultat dont il faudra se féliciter. Cependant, ce serait là sans doute une considération insuffisante pour motiver un engagement grave de l'Etat ou de la colonie. Il est difficile de voir un intérêt national dans une affaire de charbon, même importante, si elle n'a d'autre objet que la distribution de dividendes.

Le but véritable que poursuit le Gouvernement français est le développement de la colonie d'Océanie. Je me propose d'examiner ici en quoi la création d'une escale dans une de nos îles du Pacifique peut contribuer à ce développement.

Il est clair d'abord que l'introduction d'une industrie nouvelle dans un pays est déjà par elle même un élément de progrès. Mais, si c'était là l'unique résultat à espérer, ce serait bien peu de chose. En effet, le nombre de personnes occupées à cette affaire sera nécessairement assez restreint, et les dividendes, s'il y en a, ne seront distribués qu'à des actionnaires ne résidant pas dans le pays. Sans doute les navires fréquentant le port apporteront de l'animation et contribueront à l'augmentation des affaires à Papeete, mais tout cela est en somme d'une importance secondaire.

On peut, à mon avis, attendre beaucoup mieux. Le passage par une de nos îles de nombreuses lignes de paquebots et de cargos doit y produire exactement le même effet qu'on attend dans un continent de la construction d'un chemin de fer, savoir, la diminution des frais de transport. Actuellement les frets de Tahiti sur l'Europe sont très forts. En voici un spécimen :

Exportations :

Par vapeurs de l'U. S. S. Co sur Sydney et ensuite par M. M. sur Marseille et Bordeaux :

Marchandises générales, 140 fr. 60.

Coprah, 123 fr. 75.

Par vapeur anglais de Tahiti en Europe :

Coprah, 1,000 kilogr. sur Londres 78,75, sur Hambourg 87,50, sur Marseille 113,10, sur Bordeaux 96,75, sur le Havre 96,75.

Par vapeur allemand allant à Hambourg :

Coprah 85,60.

Le fret de la nacre sur Londres est de 112 fr. 50 en caisses et de 125 fr. 60 en fûts.

Pour faire une comparaison, il faut se rappeler que le fret sur l'Extrême-Orient, dont la distance est comparable, n'excède pas en général 95 fr., et descend souvent au-dessous.

On peut légitimement espérer que Tahiti fréquenté aura des frets oscillant autour de 40 ou 45 fr. Ce serait une telle prime à la production, que l'existence de l'île en serait sans doute tranformée.

La situation financière de la colonie est excellente, et ses budgets se soldent en excédent ; mais ce n'est pas là la seule mesure du succès d'un établissement colonial, et si l'on se place à un autre point de vue on est forcé d'arriver à des conclusions moins satisfaisantes.

L'île de Tahiti est extrêmement peu peuplée, elle nourrit 11,000 âmes sur un territoire plus grand que celui de la Martinique, qui en contient plus de 180,000. Il est probable que les terres de Tahiti ne valent pas en moyenne celles de la Martinique, mais cela ne suffit pas à expliquer la différence. Il est certain qu'une superficie très-importante serait cultivable à Tahiti et n'est pas cultivée. On n'y fait pour ainsi dire pas de sucre et pas de café, et pourtant les débouchés semblent s'offrir d'eux-mêmes. On n'y cultive guère que le coco et la vanille, parce que ces cultures exigent peu de main-d'œuvre, encore serait-il possible sans doute d'étendre et d'améliorer cette production, si l'île n'était pas perdue dans l'Océan, sans communication avec le reste du monde. Il est probable, ou peut même dire certain, que le jour où cet isolement cesserait, la colonie prendrait un développement considérable, elle ferait sans doute, dans l'empire colonial français, une figure plus digne de sa métropole. Peu de personnes, je crois, ont passé par Tahiti sans en garder cette impression que cet une colonie à faire. Or le premier point, pour une île de l'Océan comme pour une contrée située au milieu d'un continent, c'est de lui donner des communications faciles et pas trop chères. Le passage de nombreux navires, dont un bon nombre assurément auront de la place dans leurs cales, abaissera forcément les frets, et le résultat ne se fera pas attendre.

La situation des îles Sous-le-Vent et des Marquises est à peu de chose près celle de Tahiti, population très réduite et terres mal et incomplètement utilisées. Dès à présent Papeete est le centre commercial de ce petit monde océanien. De bonnes communications établie à Tahiti profiteront à toute la colonie.

L'île de Rapa, éloignée de 700 milles dans le Sud, sans étendue et sans valeur, n'est pas propre à devenir le centre commercial des possessions françaises dans ces régions. Rapa, munie d'un parc à charbon, serait à peu près ce qu'est Périm dans le détroit de Bab el-Mandeb c'est-à-dire un point où une maison de commerce peut gagner quelque argent, et c'est tout.

Les instructions ministérielles nous proscrivent de nous placer pour conclure au point de vue des intérêts nationaux français. Sous ce point de vue le choix de Rapa ne pourrait se justifier, alors même que cette île posséderait des avantages techniques qui sont loin d'être démontrés.

C'est donc sur Tahiti que s'est arrêté le choix unanime des membres de la mission.

Dans Tahiti même, on a quelquefois proposé Port-Phaëton. C'est une baie extrêmement séduisante, et je comprends bien qu'on ait souvent regretté que la capitale de l'île n'ait pas été bâtie sur ses bords. Mais le fait est qu'il n'y a absolument rien à présent ; ni commerce, ni ville, ni village ; c'est un désert. Créer un port dans cette baie coûterait très cher, et le succès serait douteux, car Papeete a l'immense avantage d'exister, d'être dès à présent utilisable et utilisé. Pour que Port-Phaëton fût intéressant, il faudrait que Papeete présentât des défauts très graves ; or il n'en est rien.

C'est donc à Papeete qu'il faut établir l'escale projetée et je vais, dans le chapitre suivant, examiner avec détail les conditions de cet établissement.

Mais, avant d'en venir à cette étude du port en lui-même, il me reste à examiner si un port d'escale à Papeete peut fournir des recettes susceptibles de couvrir ou tout au moins de diminuer sensiblement les charges des capitaux engagés. Ce sera l'objet du paragraphe suivant.

§ 6. — *Recettes possibles.* — *Aperçu des taxes.*

Dans le paragraphe 3, j'ai examiné les avantages que les navires pourraient avoir à faire escale à Papeete, et j'ai établi que, dans certains cas, ils pourraient y trouver un bénéfice important, en supposant que le charbon leur soit vendu 15 fr. de plus qu'à Panama. J'ai cherché à évaluer ce bénéfice dans un exemple déterminé, qui peut servir de type. La différence que j'ai trouvée entre leurs recettes et leurs dépenses supplémentaires est assez grande pour que les données qui ont servi de base à mon calcul puissent varier sans changer le sens du résultat.

On peut donc selon moi compter sur une importante clientèle pour le dépôt de charbon de Papeete, supposé qu'il soit bien approvisionné et puisse faire encore un bénéfice en vendant son charbon seulement 15 fr. de plus que le prix du canal de Panama. Cette dernière condition paraît réalisable car le charbon vaut actuellement aux Antilles environ 23 schillings soit 29 fr. arrimé en soutes, et il ne semble guère probable qu'il puisse être vendu moins de 25 fr. livré le long du bord sur le canal par le gouvernement américain (1). D'autre part à Sydney en ce moment le charbon vaut, la meilleure qualité, 14 shillings la tonne, à terre, soit 17 fr. 65 et il ne semble pas impossible d'obtenir ce charbon à Papeete pour 30 fr., ce qui laisserait une marge de 10 fr. pour la livraison le long du bord et le bénéfice.

Ces conclusions, auxquelles j'arrive ainsi, ne sont pas confirmées par l'enquête commerciale de M. Douvry, délégué du ministre du commerce. L'étude faite par lui conduit à des résultats tout différents. Sans avoir la prétention de faire prévaloir mon opinion sur la sienne, il m'a paru intéressant de suivre ici les conséquences de mon raisonnement, et d'évaluer, en partant des hypothèses que j'ai faites, le nombre et le tonnage des navires qui feront escale à Papeete et la quantité de charbon qu'ils y prendront. Mais je dois dire avant tout que quand on en pareille matière la précision ne serait pas à sa place et qu'on ne peut guère espérer que se faire une idée de l'ordre de grandeur des résultats à attendre.

D'abord l'évaluation du trafic du canal de Panama est très incertaine ; j'ai dit, dans la partie de ce rapport consacrée aux Antilles, que la meilleure étude à ce sujet est celle qu'a faite par ordre du gouvernement américain M. Emory R. Johnson ; que cette étude, dirigée par un homme particulièrement compétent et consciencieux, n'a pas convaincu tous les économistes qui en ont pris connaissance, un grand nombre de ceux-ci ayant trouvé exagérées les chiffres de M. R. Johnson. Je ne puis avoir la prétention de juger définitivement en ce débat, mais supposant mon opinion est que les chiffres de l'auteur américain sont, comme d'ailleurs il le reconnaît lui-même, entachés d'exagération pour les premières années qui suivront l'ouverture de la nouvelle voie ; mais à mon avis ils se trouveront au contraire au-dessous de la vérité une dizaine ou une quinzaine d'années plus tard ; et si, à cette époque, l'escale de Papeete est encore utile, la fréquentation sera sans doute plus grande que nous ne pouvons l'imaginer à présent.

Je ne me propose cependant pas de substituer des chiffres calculés par moi à ceux de M. R. Johnson. Il me paraît bien préférable d'accepter les résultats de son travail, sauf à les considérer seulement comme une approximation.

<hr>

(1) J'ai dit, à propos des Antilles, que le gouvernement américain paraît vouloir, pour des raisons militaires, se réserver le monopole de la vente du charbon dans la zone du canal ; il promet de le céder au prix de revient, c'est-à-dire en fait très peu meilleur marché qu'on ne le vendra aux Antilles.

Mais, pour examiner quelle est l'importance du courant de navigation qui a chance de passer par notre colonie, il faut diviser le trafic total du canal vers le Pacifique en branches correspondant aux divers pays, car il est clair que les lignes allant vers l'Amérique du Nord et vers l'Amérique du Sud, par exemple, n'ont aucune chance de fournir des clients à Tahiti. En somme, nous avons à extraire du travail de M. R. Johnson le tonnage des navires allant en Australasie ou en venant. J'ai donné ci-dessus, chapitre 1er, paragraphe 1er, le résultat de cette recherche.

Mais il est utile à présent de revenir un peu sur ce point, parce que l'examen du rapport de M. R. Johnson fait voir que précisément le trafic qui nous intéresse est un de ceux dont l'évaluation comporte le plus d'incertitude. Ce n'est pas le lieu de s'étendre longuement sur ces calculs, qui seront étudiés par M. Douvry dans son rapport commercial ; mais, sans empiéter sur son terrain, je crois nécessaire d'en dire ici quelques mots. En ce qui concerne le trafic avec l'Europe, la méthode suivie consiste pour notre cas particulier à rechercher directement quel a été en 1910 le tonnage des navires ayant assuré le trafic entre l'Europe et l'Australasie et à estimer quelle portion de ce courant doit vraisemblablement passer par le canal ; il ne semble pas qu'on puisse faire à cela d'importantes objections. Lorsque l'auteur passe ensuite aux relations de l'Australasie avec les Etats-Unis de l'Est, il établit que le relevé direct des tonnages des navires ne donne qu'un résultat insuffisant, et qu'en réalité une portion considérable des importations aux Etats-Unis venant d'Australie sont transportés indirectement en passant par l'Europe. Il en conclut la nécessité de forcer le chiffre obtenu par une statistique directe, en le multipliant à peu près par 9. On comprend que le chiffre ainsi obtenu ne mérite plus qu'une confiance limitée. Vu l'importance de cette question particulière, je vais reproduire en traduction le passage correspondant du rapport américain.

« Selon les déclarations des exportateurs, agents de navigation à vapeur et compagnies de navigation, une portion considérable des importations d'Océanie dans nos ports de l'Atlantique et du Golfe est transportée indirectement par la voie d'Europe. Nos enregistrements établissent que 9,985 tonnes seulement de navires sont entrées directement d'Océanie tandis que nos importations auraient exigé un plus grand tonnage de vaisseaux si toutes les importations avaient été apportées directement d'Océanie... Il est estimé par ceux qui sont engagés dans ce commerce qu'environ 90 p. 100 de nos importations d'Océanie... arrivent aux Etats-Unis par des navires qui ne sont point comptés comme venant des pays d'Océanie ou de l'Orient. »

Je ne continue pas cette citation qui deviendrait difficile à suivre, mais la conclusion est à très peu près celle que j'ai donnée ci-dessus, c'est que M. R. Johnson multiplie le tonnage de 9,985 par un coefficient qui est 9 ou un nombre très voisin (1). Il me semble difficile de ne pas reconnaître que le résultat ainsi obtenu est particulièrement incertain. Comme il forme seulement un élément du total que recherche l'auteur, cela n'a pas pour lui une importance capitale. Il n'en est pas de même pour nous, pour qui le volume de cette branche particulière du trafic est précisément le seul intéressant.

Le tonnage des exportations vers l'Australie est obtenu par un calcul du même genre, mais un peu moins hasardeux, puisqu'il revient à peu près à ajouter 30 p. 100 de sa valeur au tonnage total constaté. Après ces calculs, M. R. Johnson est conduit par des considérations dont je ne puis entreprendre de rendre compte, à faire une dernière majoration de près de moitié pour le total obtenu par lui ; j'ai volontairement omis d'en tenir compte.

On ne peut donc pas avoir dans les chiffres partiels de M. R. Johnson une confiance aussi grande que dans l'ensemble de ses résultats. Tels que sont ces chiffres, il faut cependant les prendre, parce qu'il n'y a pas mieux à ma connaissance. Il importera seulement de ne pas perdre de vue qu'ils sont loin de présenter toute garantie.

<hr>

(1) En réalité, M. R. Johnson calcule d'une manière un peu différente en introduisant d'autres considérations qui ne font pas apparaître ce coefficient, et qui laissent même quelque incertitude sur le partage entre l'Orient et l'Océanie.

Sous réserve de ces observations, nous retenons que le tonnage estimé des navires allant de Panama en Australasie est d'environ 729,000 et celui des navires allant en sens inverse 592,000, ces nombres se rapportent à 1910; pour passer à 1915 il faut les majorer de 26 p. 100, ce qui donne respectivement 919,000 et 746,000.

Le calcul que j'ai présenté ci-dessus pour montrer qu'une escale à Tahiti avec achat de charbon pouvait souvent être utile supposait un navire allant de Panama vers l'Australie. Si nous avions fait le calcul pour un navire allant en sens inverse, le résultat aurait été tout différent et bien moins favorable, parce que le prix du charbon à Sydney est bien moindre que celui que j'ai admis à Panama. Pour que les navires partant de Sydney pussent être tentés de prendre du charbon à Tahiti, il faudrait que le prix de vente fût fixé à une trentaine de francs, ce qui ne laisserait pas assez de marge au commerçant de Tahiti. Il faudrait aussi que le fret à Sydney pour les contrées de l'Atlantique fût abondant et cher, mais il semble aussi que ce second élément de succès fait défaut. Bref, les chances de vendre du charbon aux navires allant vers Panama sont moindres.

Comme conséquence de ces considérations, j'admettrai que les neuf dixièmes des navires allant vers l'Australasie prendront du charbon et seulement le dixième de ceux qui vont vers Panama. Appliquant ces proportions aux nombres ci-dessus, je trouve comme tonnage total devant fréquenter Tahiti, et y prendre du charbon, environ 900,000. Il faut à présent remarquer que j'ai envisagé dans le paragraphe 3 du chapitre 1er exclusivement le cas d'un navire allant à Auckland. Il résulte des calculs faits dans ce paragraphe que ce navire aurait à prendre environ 474 tonnes (423 + 51). Si l'on calculait pour un navire allant à Sydney, on trouverait qu'il pourra prendre une quantité de charbon supérieure, celle qui lui sera nécessaire pour gagner Sydney, qui est à 3,317 milles de Tahiti; avec les mêmes données : 10 nœuds et 48 tonnes de consommation par jour, on trouve 663 tonnes. Admettons qu'un tiers des navires soient dans ce dernier cas et que les deux autres tiers prennent 474 tonnes comme il a été calculé au paragraphe 3 du chapitre 1er, cela donnera une moyenne de 500 tonnes en chiffre rond, pour un navire de 4,000 tonnes de jauge nette. La quantité totale à délivrer serait donc d'environ 112,000 tonnes par an, correspondant au passage d'environ 225 navires d'un tonnage moyen de 4,000 tonnes net.

J'ai supposé jusqu'ici qu'il n'existe aucun droit de port à Papeete, et j'ai montré que dans cette hypothèse on pourrait vendre avec chances de succès le charbon à un prix supérieur de 15 fr. à celui qui sera pratiqué à Panama. Il est clair que si l'on imposait un droit de tonnage de quelque nom qu'on l'appelle : ancrage, phare, pilotage, etc., si seulement il est basé sur le tonne nette, le montant de ce droit s'ajouterait aux dépenses supplémentaires occasionnées aux navires; et, pour que l'escale restât aussi avantageuse, il faudrait que le prix de vente du charbon fût diminué d'une manière correspondante. Supposons, par exemple, qu'on impose aux navires fréquentant Papeete un droit basé sur le tonnage net du navire et fixé à 50 centimes. Alors le navire de 4,000 tonnes que nous avons pris pour exemple payera de ce fait 2,000 fr. quelle que soit la quantité de charbon qu'il prendra; s'il en prend 500 tonnes, on sera obligé de le lui vendre 4 fr. meilleur marché pour lui procurer les mêmes avantages.

Le port de Papeete considéré dans son ensemble aura fait la même recette nette puisque les 2,000 fr. touchés en moins par le marchand de charbon seront reçus par le service du port comme taxe. Dans ce cas particulier, le résultat serait donc le même, sauf la répartition des recettes. Mais on voit tout de suite où est le défaut. Si en effet le navire ne prend que 400 tonnes de charbon il faudrait pouvoir lui réduire le prix du charbon de 5 fr., sinon l'opération lui devient moins avantageuse; et, en admettant même qu'il fût ainsi possible de faire varier les prix selon les quantités, la répartition entre le port et le marchand de charbon serait totalement différente.

L'institution d'un important droit de tonnage a donc des inconvénients réels, ainsi qu'il arrive presque toujours dans les ports d'escale de nouvelle installation. Dans ces ports, en effet, c'est presque une nécessité de faire payer les navires proportionnellement au service qu'on leur rend, et non proportionnellement à la place qu'ils occupent. Or, la mesure exacte du service qu'on leur rend, c'est le mouvement de marchandises qu'ils font et non la capacité du navire. Aussi, dans tous les ports nouveaux d'escale, faut-il être très prudent en instituant des taxes sur le tonnage; mieux vaut autant que possible donner comme assiette le tonnage des marchandises manipulées.

Dans le cas spécial de Papeete, nous avons encore une raison de plus que la raison d'ordre général que je viens de rappeler. En effet, le but que nous nous proposons est d'obtenir un abaissement important des frets de ou pour Tahiti. J'ai dit que c'est là, selon moi, le résultat essentiel; les recettes du port ne doivent être considérées que comme un moyen de réalisation; il faut donc éviter que les taxes ne soient assises de manière à produire le résultat précisément opposé. Or, c'est, je crois, ce qui risquerait d'arriver si on institue immédiatement une taxe assise sur le tonnage et de quelque importance. Cette taxe frappera immédiatement les lignes de navigation existantes et qui se verront obligées pour s'en couvrir de relever leurs frets. C'est à éviter. Une condition essentielle de la taxation nouvelle du port c'est qu'elle ne doit pas toucher à l'état de choses actuel pour la navigation existante ni pour les marchandises dès à présent exportées ou importées.

Tout ce qu'on peut faire c'est donc de remanier les tarifs existants et d'y introduire, si elle n'y trouve déjà, une taxe minime assise sur le tonnage net, comme 5 ou 10 centimes par exemple et de compenser au besoin ce droit nouveau par une diminution des anciens (1). On pourrait d'ailleurs profiter de cette occasion pour en simplifier la liquidation et la perception; on ferait notamment disparaître une singularité très curieuse : on paye certains droits au Trésor et le reste à la recette de l'enregistrement, sans que personne puisse donner une explication rationnelle de cette dualité qui ne laisse pas d'être gênante. Ainsi réduit à un taux presque nominal, le droit de tonnage est acceptable et réserve l'avenir, car on peut avoir besoin de l'augmenter lorsque le port aura fait ses preuves et il est plus facile d'augmenter une taxe que d'en créer une nouvelle.

Pour le moment, et toujours dans l'hypothèse où je me suis placé, la seule taxe nouvelle de quelque importance qu'on puisse rationnellement établir est sur le charbon délivré aux navires; il faut même avoir grand soin d'exonérer le charbon introduit dans l'île pour les besoins industriels, ce qui est facile en ne percevant le droit qu'à la sortie. Sur le charbon, nous savons ce que l'on peut se proposer de demander, c'est-à-dire environ 10 fr. par tonne, sous déduction des frais de livraison le long du bord et du bénéfice du commerçant qui vend le charbon. On peut donc, dans un premier aperçu, fixer le taux de cette taxe à environ 4 fr. par tonne de charbon livré, sans examiner ici de quelle manière pourrait être faite la perception effective.

Il existe une demande de concession du port de Papeete. Mais il n'entre pas dans le plan des travaux de cette mission d'examiner le mérite de cette demande, ni les clauses d'un contrat de concession, si la demande venait à être accueillie. Les instructions ministérielles demandent seulement un aperçu des taxes possibles. Je dois donc considérer ici la construction du port et la vente du charbon comme deux affaires distinctes : la manière de les unir en une seule et la convenance de l'opération sont en dehors de mes études. Au surplus, même en cas de réunion des deux affaires dans les mêmes mains, il est bien clair que la séparation des comptes peut rester nécessaire. La vente du charbon aux navires est une opération industrielle très spéciale et je puis ajouter très difficile : l'immixtion de l'État pour en vérifier les comptes serait probablement gênante et peut-être fatale, surtout ici où les achats seront faits en pays étranger et la plupart des livraisons à des navires étrangers. Au contraire la construction des ouvrages du port semble de-

(1) On trouve bien, dans les taxes du port de Papeete un « droit de phare » ayant pour base le tonneau de jauge; cette taxe est de 375 millimes, déjà trop élevée, selon moi; elle comporte d'ailleurs des exemptions compliquées. Si l'on adopte mes propositions, il conviendrait de l'abolir et de la remplacer comme j'ai dit ci-dessus.

voir être faite conformément aux usages de notre pays et selon les directions données par le Gouvernement français. La liberté et la souplesse indispensables au commerce du charbon ne peuvent donc se retrouver au même degré dans la construction des ouvrages destinés à la protection du port ou à l'éclairage de la route ou à l'accostage des navires, pour ne citer que les principaux. J'aurai l'occasion de revenir sur ce point dans le paragraphe consacré au parc à charbon, chapitre 2, paragraphe 6.

Résumant donc ce que je viens de dire sur les taxes possibles, je propose :

1° D'écarter tout droit de port important basé sur le tonnage des navires;

2° De reviser les taxes existantes en faisant disparaître toute complexité non justifiée, de ne conserver de ces taxes que ce qui pourra être maintenu en le cumulant avec un droit de tonnage presque nominal de 5 ou 10 centimes au plus par tonne de jauge nette;

3° D'établir une taxe de 4 fr. par tonne de charbon livré le long du bord des navires.

La recette probable, sous les multiples réserves faites précédemment, serait ainsi :

Tonnage supposé à 5 centimes environ . . . . . . . . . . . . . . . . 40.000 fr.
Taxe sur le charbon supposée à 4 fr. . . . . . . . . . . . . . . . . 448.000
     Ensemble . . . . . . . . . . . . . . 488.000 fr.

Tout ce qui précède suppose expressément que le dépôt de charbon a sa raison d'être dans une utilité importante pour les navires transportant des marchandises. Selon l'opinion que je viens de développer, l'installation du port et du dépôt de charbon au milieu du Pacifique peut avoir pour effet d'augmenter la capacité de transport des navires qui en profitent. Cette augmentation se traduit pour eux par une recette plus grande incomplètement compensée par des frais supplémentaires. La différence, qui constitue un bénéfice, peut être partagée entre le navire, le marchand de charbon et le constructeur du port. J'ai donné un aperçu du partage possible; et, bien entendu, ce ne peut être qu'une première approximation, les faits du commerce maritime ne se laissent pas mettre en formules mathématiques simples. Une multitude d'éléments échappent à toute analyse, des surprises sont toujours possibles; mais est-il une seule affaire qui ne renferme pas sa part de hasard ?

Les choses changent d'aspect entièrement quand on adopte l'opinion de M. R. Douvry, délégué du ministre du commerce. On trouvera cette opinion exposée dans son rapport (1), et je ne la rappelle ici que pour dire une fois de plus combien ces questions sont complexes et les avis partagés. Il y a intérêt selon moi à ce que tous les avis se produisent librement, soient discutés tels qu'ils ont été présentés par leurs auteurs. Ce serait donner une fausse impression et une idée dangereuse que de présenter dans une matière aussi incertaine des conclusions rigoureuses que l'on aurait l'air de tirer par la pure logique de prémisses considérées comme indiscutables.

C'est pourquoi, tout en reconnaissant l'importance de l'avis de M. Douvry et désirant voir prendre en considération les données et propositions qu'il présente, j'ai tenu à faire connaître une autre manière de voir, à examiner comment les choses se passeraient si cette autre opinion se trouvait fondée en fait.

Au point de vue de M. Douvry, le port de Papeete serait presque exclusivement fréquenté par des paquebots et des navires mixtes, prenant occasionnellement ou laissant du fret, mais ne prenant pas de charbon d'une manière exceptionnelle. Contraints de faire escale à Papeete pour la commodité de leurs passagers, ces navires pourraient sans inconvénient subir une taxe de tonnage plus élevée (30 centimes par exemple) et surtout une taxe par tête de passager. Dans cette hypothèse, il faudrait s'arranger pour que la taxe de tonnage ne porte pas atteinte aux intérêts des navigateurs fréquentant dès à présent Papeete; avec le taux de 30 centimes, cela ne paraît pas impossible. La taxe sur le charbon serait encore admissible, mais moins productive que je ne l'ai admis.

(1) J'ai dû clore ce travail avant d'avoir reçu le rapport définitif de M. R. Douvry, et je rends compte de ses idées d'après une note sommaire qu'il a remise au ministre. Il est donc possible qu'il se soit glissé quelques inexactitudes de détail que l'on est prié d'excuser.

M. Douvry fait également remarquer que la navigation au pétrole qui semble avoir des tendances à se généraliser, pourrait ruiner absolument toute affaire basée à Papeete sur la vente du combustible, parce que le pétrole permet des parcours beaucoup plus longs avec un approvisionnement relativement léger. Il signale enfin la possibilité et la probabilité du remplacement de la machine à vapeur par les machines à combustion interne, qui consomment beaucoup moins. Sous ces influences et d'autres encore peut-être que nous ne soupçonnons pas, une transformation des conditions de la navigation est possible dans un avenir plus ou moins long.

Je considère ces transformations possibles de la navigation comme une des chances que doit forcément courir l'entreprise, et j'en ai montré d'autres. Toute entreprise présente des chances de succès et d'insuccès, et personne ne peut dire d'avance qu'il ne se produira pas un fait nouveau qui viendra déjouer toutes les prévisions.

Il est certain, par exemple, ainsi que je l'ai dit ci-dessus, que les Etats Unis dont la flotte de commerce est en ce moment relativement faible, se proposent de l'augmenter considérablement de manière à se réserver le quasi monopole pratique des transports. Cette flotte nouvelle que les Etats Unis vont se donner sera-t-elle établie sur les anciens types? ou bien passera-t-on résolument à une construction nouvelle pour navigation au pétrole ou aux moteurs nouveaux à combustion interne? Je ne crois pas qu'on puisse répondre avec certitude. Cependant, selon la réponse, la station de charbon à Tahiti peut donner de bons ou de mauvais résultats.

Il ne sera pas hors de propos de citer ici les dernières phrases d'un article récent de M. Paul de Rousiers, secrétaire général du comité des armateurs de France (*Revue France-Amérique*, numéro d'octobre 1912) :

« Au surplus, la création d'une puissante flotte de commerce est pour les Etats-Unis, une conséquence obligée de leur situation nouvelle. Ils en ont besoin au point de vue politique comme auxiliaire, soutien et pépinière de recrutement de la flotte de guerre que leur impose le rôle politique joué aujourd'hui par eux dans le concert des nations. Ils en ont besoin, au point de vue économique, pour assurer l'exportation de leurs produits fabriqués sous pavillon national et pour tirer de l'entreprise de Panama tout le profit qu'elle peut leur procurer.

« L'ouverture du canal, qui a une si grande importance au point de vue politique comme au point de vue économique, réclamait impérieusement le relèvement de la marine marchande des Etats-Unis. On voit que les pouvoirs publics n'ont rien négligé pour la favoriser. Ce sera la conséquence pratique la plus immédiate de la mise en exploitation du canal. »

Ces phrases terminent une très intéressante étude sur la loi d'administration du canal qui vient d'être promulguée. M. de Rousiers montre avec clarté comment les Américains entendent pratiquement se réserver le bénéfice, sinon exclusif, du moins principal de l'œuvre qu'ils ont su mener à bien.

Il ne résulte pas de là, selon moi, qu'une installation de charbon à Papeete soit vouée à l'insuccès, mais on peut en tirer deux conclusions, et la première est qu'on ne peut rien faire d'utile sans s'entendre d'une manière ou d'une autre, avec les intérêts américains ; la seconde est que, malgré tout, il subsistera des aléas.

## CHAPITRE II

### RADE ET PORT DE PAPEETE

§ 1. — *Description générale. Mouvement de la navigation. Régime des vents. Marées. Valeur du port comme abri. Facilité ou difficulté d'entrée et de sortie. Liste des questions qui se présentent pour le port.*

Description générale. — La rade de Papeete est délimitée au large par un récif extérieur, coupé d'une passe, ce qui fait distinguer le récif Est et le récif Ouest.

La pointe de Fare-Ute, qui limite la baie vers l'Est se prolonge vers le Nord Ouest et le Nord par un récif intérieur dit de Fare-Ute, qui s'avance presque jusqu'à toucher le bord du récif extérieur, laissant seulement un chenal étroit et profond dit chenal de Taunoa. Ce chenal se prolonge vers l'Est et aboutit à la baie de Taunoa; il est possible de le prendre pour entrer à Papeete ou en sortir, et les goélettes s'en servent effectivement, le balisage laisse à désirer et aurait besoin d'être refait.

A l'Ouest, la baie est limitée par un élargissement considérable du récif extérieur, qui s'étend presque jusqu'au rivage, laissant encore un chenal profond, non dénommé sur les cartes, qui conduit à la passe de Taapuna. Il n'est guère utilisé.

On voit que la côte de Tahiti est bordée d'un récif, séparé de la terre par un chenal, dont la rade de Papeete ne constitue, à proprement parler, qu'un élargissement.

On trouve dans la rade un certain nombre de récifs intérieurs entièrement détachés, tels que celui qui porte l'îlot de Motu Uta.

La profondeur est partout très grande, souvent supérieure à 20 mètres, et atteint parfois 40 mètres.

Si l'on veut bien comprendre la situation, il ne faudra pas perdre de vue que le récif extérieur, émergeant à peine même au mer basse, n'est visible à quelque distance que par la ligne de brisants qu'il détermine, et que les récifs intérieurs, à peu près toujours couverts d'eau, ne se distinguent que d'une manière indirecte, par les teintes qu'ils donnent à la mer. L'eau profonde est bleu foncé, l'eau qui couvre les récifs bleu pâle, et le tout extrêmement lumineux. Vue par une claire matinée de juin, avec le profil des montagnes de l'île de Moréa dominant l'horizon de mer, la rade de Papeete est un des plus beaux paysages maritimes que je connaisse.

Pour la clarté des explications qui suivront, il me sera commode de diviser la rade en parties auxquelles je donnerai des noms. J'appellerai avant-port toute la partie comprise entre le récif Ouest et le méridien coupant l'îlot de Motu-Uta. Toute la partie située à l'Est de ce méridien sera mon rade proprement dit et je donnerai le nom d'arrière-port à la partie comprise entre le récif du large et ceux de Motu-Uta et de Fare-Ute. Ces dénominations ne sont pas usuelles, je les crée pour les besoins de mon exposé.

Le port proprement dit est la partie la plus immédiatement utile: il a environ 42 hectares de superficie: il est en général bien abrité, sauf dans certains cas extraordinaires qui seront discutés à fond plus loin. Le rivage offre un développement de 1,200 mètres environ où l'on pourrait établir des ouvrages d'accotage dans une position satisfaisante. A l'Ouest, l'abri devient sensiblement moins bon.

L'arrière port n'est bordé que de récifs: mais la conquête du récif de Fare-Ute est possible et intéressante; elle ajouterait 300 mètres de rivage utile. L'arrière-port a environ 12 hectares de superficie.

L'îlot de Motu-Uta, qui occupe une très petite partie du récif, a été récemment utilisé pour l'établissement d'un lazaret. Sur un autre îlot, qui se trouve sur l'élargissement du récif extérieur de l'Ouest, à Motu-One, on a construit un pavillon d'isolement.

Le long du rivage, on trouve des quais de très faible profondeur, destinés à soutenir les terres et à l'accostage des embarcations.

Il existe deux appontements, tous les deux en bois, et tous les deux parallèles à la rive.

Le premier est public et présente 183 mètres de longueur; malheureusement il n'est pas rectiligne, il est formé de deux parties : l'une de 115 mètres l'autre de 68 mètres, ce qui le rend incommode, et de plus il ne donne qu'un faible tirant d'eau : 6 mètres tout au plus; il est vrai que ce chiffre se rapporte à la profondeur au pied même de l'appontement, un navire qui se tient à une petite distance peut avoir une profondeur sensiblement plus grande sans trop de gêne. Ainsi les navires de la compagnie de Nouvelle-Zélande (Union Steam Ship Of New Zealand) qui calent 26 pieds ou davantage soit environ 8 mètres, peuvent accoster en se tenant à une distance encore acceptable; mais la gêne commence à se faire sentir.

Cette compagnie fait construire en ce moment un navire qui aura 522 pieds de longueur (159 mètres) et tirera 31 pieds d'eau (9 m. 50). Ce nouveau bâtiment se trouverait très gêné s'il venait à Papeete. D'ailleurs en l'état actuel de la passe, il ne pourrait pas entrer en pleine charge. On peut voir par là que l'amélioration du port de Papeete répond à un besoin immédiat.

Le second appontement est en fait réservé à la compagnie des phosphates, qui l'a entièrement construit à ses frais. Les droits de la compagnie constructeur sont définis par un arrêté du 10 décembre 1910 qui, tout en déclarant l'appontement public en principe donne à la compagnie une priorité absolue.

En arrière de l'appontement public sont des hangars ouverts de 143 mètres de long sur 10 de large et des hangars fermés de 52 m. 50 sur 32, soit au total une surface couverte d'un peu plus de 3,000 mètres carrés.

Papeete possède une cale de halage. Cette cale devrait pouvoir tirer des navires de 300 tonneaux et davantage. Mais en réalité on n'ose pas s'en servir, parce qu'on n'a pas confiance dans la résistance du chemin de roulement. Ainsi, dernièrement le vapeur de la compagnie des phosphates, la *Cholita*, qui ne déplace que 273 tonnes, est allé se faire réparer à Sydney. Pendant notre séjour à Papeete, un voilier américain, dont je n'ai pas retenu le tonnage exact, aurait eu besoin de passer sur la cale et n'a pas osé non plus s'en servir. Cette situation n'est pas normale. Il est essentiel que le gouvernement de la colonie, qui est propriétaire de l'ouvrage, sache quelle est la force réelle de son outil. Sur ma recommandation, le chef du service des travaux publics m'a promis de faire au gouverneur les propositions nécessaires pour procéder à des épreuves, et, si des réparations sont nécessaires, les exécuter. Il y aurait d'ailleurs intérêt à porter la puissance de la cale à 1,000 tonnes de poids.

*Mouvement général de la navigation.*

Voici le tableau des tonnages d'entrée et de sortie :

| DÉSIGNATION | ENTRÉES | | | | SORTIES | | | |
|---|---|---|---|---|---|---|---|---|
| | Navires. | | Marchandises. | | Navires. | | Marchandises. | |
| | Nombre. | Tonnage. | Tonnage. | Valeur. | Nombre. | Tonnage. | Tonnage. | Valeur. |
| Année 1910 | 51 | 117.705 | 23.544 | 5.659.367 | 53 | 118.390 | 22.571 | 6.031.289 |
| Année 1911 | 67 | 166.588 | 29.024 | 7.206.650 | 65 | 164.513 | 35.580 | 7.519.119 |

Le port de Papeete est fréquenté principalement :

1° Par la ligne de Sydney à San Francisco de l'Union Steam Ship of New Zealand : c'est la ligne des courriers postaux subventionnés : en ce moment trois paquebois : *Aorangi*, *Manuka* et *Tahiti* : départs tous les vingt-huit jours dans chaque sens;

2° Par une autre ligne de la même compagnie allant de Sydney à Tahiti et retour, et passant par les îles Sous le Vent : un seul navire, le *Tahine* : voyages mensuels à peu près;

3° Une ligne française de la compagnie navale de l'Océanie, ancienne compagnie des voiliers de Nouméa devant faire prochainement un voyage tous les deux mois ;

4° Par des voiliers venant d'Amérique et allant en Australasie ou *vice versa*.

5° Par un petit vapeur de la compagnie des phosphates et des goélettes allant aux archipels : îles Sous le Vent, Marquises, Tuamotu, etc., etc.

*Régime des vents.* — Tahiti est dans la région tropicale australe. Comme dans la plupart des pays de situation analogue, on y distingue deux saisons : le semestre d'été et le semestre d'hiver. Le premier, qui s'étend du mois d'octobre au mois d'avril, est la saison des pluies, des tempêtes et des calmes. Le second est la saison de l'alizé.

L'alizé souffle de l'Est-Sud Est ou à peu près. Il n'a pas une direction rigoureusement constante. Les montagnes de l'île produisent sur lui des changements purement locaux analogues à ceux que produit une pile de pont sur le courant d'une rivière. Il en résulte que l'alizé parvient le plus souvent à Papeete sous forme d'une brise d'Est plus ou moins forte, et la houle est alors souvent Nord-Est. Pendant toute la saison d'hiver, dite aussi belle saison, on a donc du vent de la région de l'Est et une houle correspondante.

Pendant le semestre d'été, le vent contraire, venant du Ouest-Nord-Ouest ne se fait guère sentir ; il n'y a plus de vent régnant. Mais les perturbations ou cyclones qui parcourent l'Océan envoient à Tahiti des vents d'une direction et d'une intensité très variables selon la position du centre et l'intensité de la perturbation. Ces vents subissent d'ailleurs l'influence des montagnes comme l'alizé. On ne pourrait connaître les lois des vents dans cette saisonque si l'on connaissait celles de la marche des cyclones. On en sait à ce sujet bien peu de choses. Les cyclones paraissent prendre naissance dans la région équatoriale ; ils commencent par se diriger vers l'Ouest tout en s'écartant de l'équateur, puis ils se dirigent vers le Sud directement et enfin prennent leur dernière route vers l'Est, toujours en s'éloignant de l'équateur. La courbe à concavité tournée vers l'Est ainsi décrite est appelée couramment une parabole, ce qui ne signifie pas qu'elle ait une forme précise et géométriquement définie. Les dimensions de cette courbe varient, mais ce qui varie encore beaucoup plus, c'est la place du sommet sur l'Océan. Dans toutes les régions étudiées jusqu'ici avec soin et méthode, on n'a pu découvrir aucune route fixe des cyclones, ni même aucune région beaucoup plus favorisée que les autres. Ce sont seulement les observations de courte durée et non méthodiques qui semblent donner des lois.

Plus on observe, plus la loi échappe. Je me permets de renvoyer à ce que j'ai dit des cyclones dans la partie de ce rapport consacrée aux Antilles ; on notera seulement que dans l'hémisphère austral le mouvement de rotation des vents est dans le sens des aiguilles d'une montre. Sauf la forme générale de la courbe décrite par le centre du cyclone, on ignore presque tout des lois des mouvements deces perturbations, et aucune observation méthodique ne permet d'être affirmatif en ce qui concerne leur fréquence en un point donné. On peut avoir des cyclones successifs très rapprochés et rester ensuite longtemps sans en voir. C'est une question de chance.

La conséquence de ce précède est qu'on peut avoir à Papeete, en semestre d'été, des vents de toute direction et de toute intensité.

*Marées.* — On ne possède sur les marées que des observations bien imparfaites qu'il serait urgent de compléter. Il faudrait pour cela installer un marégraphe enregistreur. Jusqu'à présent on n'est borné à des observations peu suivies et portant sur une période trop courte. M. l'ingénieur hydrographe Volmat a déterminé, en 1911, un niveau approximatif des basses mers qui paraît satisfaisant et que j'ai adopté ; il se rapproche certainement beaucoup du zéro des cartes marines, qu'aucun repère connu ne fixe d'une manière précise. M. Volmat a posé un repère provisoire qu'il conviendra d'entretenir et de remplacer au besoin, de manière à disposer d'un plan de comparaison fixe.

Les observations de marée de M. Volmat ne portent que sur quelques jours ; je n'en ai d'ailleurs pas le tableau que la société d'études n'a pas fait connaître encore. Pour se former une idée exacte et précise des faits, il faut une période beaucoup plus longue.

Dès à présent, il paraît établi qu'il existe à Papeete deux marées par jour, mais ces deux marées sont tous les jours aux mêmes heures, paraissant ainsi gouvernées par le mouvement apparent du soleil seul. La haute mer a lieu entre midi et deux heures et entre minuit et deux heures. L'amplitude est au plus de 45 centimètres. C'est d'ailleurs fort peu précis.

Il paraît certain que le niveau de la mer subit des mouvements plus amples que l'on appelle des raz de marée ou des marées extraordinaires et qui n'ont fait l'objet d'aucune observation méthodique. On n'en connaît ni les causes ni les lois, ni l'amplitude ; on ne sait s'ils sont rares ou fréquents. Une observation méthodique faite au moyen d'un appareil enregistreur pendant au moins un an est nécessaire pour se former une idée à ce sujet.

On connaît avec quelque certitude un raz de marée exceptionnel survenu en février 1906 et causé selon toute vraisemblance par un cyclone. Je discuterai à fond les données que l'on possède à ce sujet et je placerai cette discussion dans le paragraphe consacré aux ouvrages de défense : c'est, en effet, pour l'appréciation de l'utilité de ces ouvrages qu'il importe surtout de connaître le niveau auquel la mer peut s'élever. Je me borne à présent à faire connaître le résultat de l'examen des données qui m'ont été fournies. Le 8 février 1906, vers sept heures du matin, le niveau de la basse mer, le niveau s'est élevé à 2 mètres environ au-dessus du niveau ordinaire de la basse marée.

De l'avis de tous, le raz de marée de 1906 est exceptionnel, il est donc probable que les autres mouvements sont beaucoup moindres, mais on est assez mal renseigné à ce sujet. Il semble qu'une surélévation de 1 mètre n'est pas très extraordinaire. Mais aucune observation précise n'est connue.

Puisque à Papeete la mer peut s'élever sensiblement plus haut que d'habitude, il est naturel de se demander si elle ne peut pas aussi descendre notablement au-dessous du zéro. A ce sujet on ne sait absolument rien.

Les formes du rivage sont telles qu'une marée basse exceptionnelle pourrait passer inaperçue : il n'est donc nullement impossible que le niveau des basses mers extraordinaires soit sensiblement plus bas que le zéro de M. Volmat. On ne sera fixé à cet égard que par une étude dirigée comme je l'ai dit ci-dessus.

*Valeur du port comme abri.* — Un coup d'œil sur le plan suffit pour se convaincre que le port de Papeete est parfaitement protégé du côté de l'Est, du Sud et du Sud-Ouest. Les vents et la houle d'Ouest ne sont eux-mêmes pas dangereux, et en fait, la question de protection ne se pose guère que du côté du Nord et du Nord-Ouest. De ce côté, la baie est fermée par un récif dont la crête est à 0 m. 45 au-dessus du zéro, c'est-à-dire à peu près au niveau des marées hautes ordinaires.

Pendant le semestre d'hiver, les vents et la houle viennent rarement du Nord avec force et la baie est alors parfaitement abritée.

Pendant le semestre d'été, j'ai dit qu'on doit s'attendre à des vents de toute direction et de toute intensité et qu'il ne faut pas trop s'en rapporter aux appréciations sur la fréquence des vents de telle ou telle région, parce que les coups de vent violents qui peuvent survenir dépendent de cyclones dont la position et la route ne peuvent être déterminées d'avance, et que même on ne peut guère énoncer de probabilité à ce sujet.

Cela étant, il y a lieu d'examiner la valeur de l'abri en cas de coup de vent du Nord ou d'une région avoisinant le Nord. Le vent pénètre alors dans le port tout à fait librement, et il n'existe guère de moyen de s'en défendre. Mais la houle est en partie rompue par le récif du large, et la question qui se pose est de savoir si cette protection est suffisante ou s'il convient de construire une digue sur le récif pour l'exhausser. Une discussion assez longue est nécessaire à ce sujet et trouvera naturellement sa place dans le paragraphe consacré aux ouvrages de protection.

*Facilité ou difficulté d'entrée et de sortie.* — La passe de Papeete ne jouit pas d'une réputation parfaite. On lui reproche de manquer de profondeur et d'être traversée par un courant de direction oblique à la marche des navires et de vitesse parfois très grande. On lui reproche aussi d'être médiocrement balisée. Le reproche de manquer de profondeur a été fait à propos de navires qui tiraient tout au plus 7 mètres d'eau et, en ce qui les concerne, le reproche était sans aucun doute mal fondé. Je dirai plus loin comment se présente cette question de profondeur, à présent que nous avons à prévoir l'entrée de navires ayant un tirant d'eau très supérieur.

L'existence du courant n'est que trop certaine, et le danger qui en résulte ne me paraît pas niable, dans l'état actuel des choses ; j'aurai donc à examiner si on peut songer à supprimer ce courant, ou à en changer la direction pour la rapprocher de la ligne d'entrée, ce qui la rendrait sensiblement moins incommode, ou si on ne pourrait pas modifier la direction d'entrée des navires de manière à diminuer ou annuler cette obliquité, faute de moyen de corriger ainsi le mal d'une manière radicale, en supprimant les causes, je devrai examiner s'il n'est pas possible, tout en subissant ce courant, d'en faire disparaître le danger, et l'on verra que d'après moi il existe un moyen, qui est de refaire le balisage sur un plan nouveau.

Il est parfaitement exact que des accidents relativement nombreux se sont produits dans la passe de Papeete. M. Volmat en rapporte deux qui ont fait une forte impression : l'un à un courrier de Nouvelle Zélande, l'autre à un navire de guerre anglais. Il rapporte également un sondage fautif fait par le navire de guerre français le *Catinat* en septembre 1907. Pendant que j'étais à Papeete il s'est produit un accident assez semblable, dans ce sens qu'il s'agit toujours d'échouages sur le récif de l'Ouest et que la cause première en est toujours l'existence du courant. Je discuterai plus loin avec quelque détail l'accident survenu pendant que nous étions à Tahiti.

La ressource ordinaire de ceux qui nient les défauts de la passe de Papeete consiste naturellement à taxer de maladresse les victimes des accidents. Cependant une étude plus attentive me semble nécessaire, et je ne crois pas qu'il soit sage de s'en tenir à une explication aussi incertaine. Lorsque des accidents relativement fréquents se produisent, il faut en chercher les causes et remédier au mal. Les marins qui ont eu des accidents à Papeete n'étaient probablement pas plus maladroits que d'autres mais il leur manquait probablement quelque chose pour se bien diriger, et je crois que ce qui leur manquait c'est un balisage rationnel.

*Liste des questions qui se présentent pour le port.* — La description générale qui précède laisse bien des points incomplètement éclairés. Son objet était en effet de faire comprendre en quoi consistent les questions qui se posent à l'ingénieur à propos de l'organisation du port. Dans les paragraphes suivants, je m'efforcerai de préciser ces questions et d'en donner la solution quand cela est possible, sinon d'indiquer les études à faire et les principes de la solution.

Je renverrai à un chapitre spécial l'étude de l'éclairage de la route entre Tahiti et Panama et entre Tahiti et l'Autralasie.

Les questions relatives au port lui-même telles qu'elles se dégagent de la description générale, sont les suivantes, données ici dans l'ordre même où je compte les aborder. :

1° (§ 3 ci-après). Entrée du port.

2° (§ 4 ci-après). Ouvrages de protection contre la mer.

3° (§ 5 ci-après). Ouvrages d'amarrage et d'accostage.

4° (§ 6 ci après). Parc à charbon.

5° (§ 7 ci après). Engins de réparation et de radoub.

Je dois cependant, avant de m'en occuper en détail, donner quelques notions générales sur les récifs de corail et les îles de corail du Pacifique.

## § 2. — *Généralités sur les récifs de corail.*

Il est impossible de se rendre un compte exact des faits les plus importants qui se produisent à Tahiti ou dans les Tuamotou si l'on ne connaît pas, au moins d'une manière générale, la formation et la structure des récifs de corail. J'écris donc ce paragraphe comme une sorte de préface nécessaire. Les questions qui vont se présenter seront envisagées ici au point de vue de l'ingénieur, et c'est seulement quand je ne pourrai m'en dispenser que j'aborderai les problèmes difficiles que se sont posés les naturalistes. Si intéressant que soit, par exemple, l'hypothèse du célèbre Ch. Darwin sur la formation des atolls, j'éviterai autant que possible de la discuter, et, si je suis amené à la faire sommairement connaître, ce sera seulement comme un moyen de coordination des faits dont j'aurai besoin de m'occuper pour l'objet que j'ai en vue.

*Les îles à ceinture de corail.* — Certaines îles des mers tropicales sont entourées, totalement ou partiellement, d'une véritable ceinture de récifs; parmi nos colonies, je citerai la Réunion (côte sous le vent), la Nouvelle-Calédonie et Tahiti; cette dernière île possède une ceinture à peu près complète.

On distingue deux sortes de récifs entourant une île: 1° Ceux qui sont directement attenants au rivage et 2° ceux qui en restent séparés par un chenal profond. Cette classification paraît avoir été faite par des auteurs de langue anglaise qui ont appelé les premiers « fringing reefs » et les seconds « barrier reefs ». Je traduirai ces expressions par « récifs en frange » et, « récifs en barrière ».

Les récifs en frange ne m'occuperont pour ainsi dire pas. On en trouve un remarquable exemple à la Réunion, et il pourra seulement être utile de rapporter, quand le moment sera venu; un curieux incident qui s'est produit là vers le milieu du dix-neuvième siècle et qui, convenablement étudié, peut contribuer à jeter quelque lumière sur les problèmes que soulève l'amélioration du port de Papeete.

*Récifs en barrière.* — Le mieux que l'on puisse faire pour comprendre ce que c'est qu'un récif en barrière, c'est de regarder une carte de Tahiti ou simplement le plan du port de Papeete, et ensuite un profil donnant une coupe faite dans le port même de Papeete. La barrière rocheuse laisse entre son talus intérieur et le rivage de l'île une fosse profonde d'une trentaine de mètres et d'une largeur extrêmement variable. Cette fosse, absolument caractéristique, est appelée le chenal; quand elle est large, elle est rarement tout à fait libre, et l'on y trouve souvent des masses d'origine corallienne que l'on appelle des récifs intérieurs: ils sont tantôt attenant au rivage, comme celui de Fare Ute, tantôt détachés comme celui de Motu Uta dans le port de Papeete.

Au large de la barrière, appelée aussi récif extérieur, les fonds augmentent, d'abord en pente douce, puis avec une extrême rapidité, et à 300 ou 400 mètres de la crête, la sonde donne 200 mètres au moins.

A Papeete, la crête du récif extérieur est à 45 centimètres au-dessus du zéro donné par M. Volmat pour représenter le niveau probable des plus basses mers. Cette cote présentant un réel intérêt, nous l'avons prise, M. Kérouault et moi, avec soin, et je puis répondre que si elle comporte une légère erreur, c'est plutôt par défaut. Les naturalistes donnent comme règle: un tiers de la hauteur de marée; cette règle est ici en défaut, car notre nivellement place la crête environ à la hauteur de la plus grande marée ordinaire.

A toute heure du jour, même à mer basse, si le calme n'est pas absolu au large, et il est bien rare qu'il n'y ait pas au moins une légère houle, la mer déferle par-dessus la crête, tombe sur la plate-forme légèrement inclinée et se déverse dans le chenal. On peut dire qu'il règne perpétuellement un courant de déversement vers l'intérieur du chenal. Ce courant formant barrage à toute hauteur de marée ordinaire, le retour à l'Océan n'est pas possible par là, et l'eau que les lames projettent ainsi sur la plate-forme s'est forcée de tomber dans le chenal où elle s'accumulerait s'il n'existait de place en place à travers la barrière des coupures qui établissent une communication entre le chenal et le large et permettent ainsi la sortie de l'eau déversée par dessus la crête. La passe de Papeete est une de ces coupures; elle est ainsi traversée par un courant qui porte constamment vers le large. Le phénomène est général et se retrouve dans tous les récifs en barrière: partout le récif est percé de passes où règne un courant à peu près toujours sortant.

Il résulte aussi de ce qui précède que le chenal est lui-même parcouru par des courants qui longent le talus intérieur de la barrière et se rendent aux différentes passes.

*Les atolls.* — Pour passer d'une île à ceinture de récifs en barrière à un atoll, il faut supposer d'abord que l'île proprement dite est enlevée; il ne resterait plus alors qu'une ceinture de récifs percés de passes et contenant dans son intérieur une nappe d'eau salée plus ou moins profonde, appelée le « lagon ». On connaît des barrières de corail ainsi posées à fleur d'eau et enfermant un lagon; mais, pour réaliser ce qu'on appelle proprement un atoll, il faut supposer de plus qu'il s'est formé sur le récif au moins une série d'îlots qui dessinent au-dessus de la surface de la mer la ligne de crête de la barrière; très souvent même les îlots sont si étendus et si nombreux qu'ils se soudent et forment un anneau presque complet, interrompu seulement par une ou plusieurs passes on a ainsi une île annulaire. Tetiaroa, situé à une trentaine de milles dans le nord de Tahiti, est une série d'îlots sur barrière; Matahiva, la plus au nord des îles Tuamotous, dont nous aurons à nous occuper spécialement, est une île annulaire ne possédant qu'une seule passe. Si l'on dresse un croquis représentant la section type de l'anneau de Matahiva, on voit que la crête des terres est à environ 4 mètres 50 au-dessus du niveau de la mer. En temps ordinaire les lames ne passent donc jamais par dessus, c'est seulement en cas de cyclone qu'elles peuvent franchir la faîte de l'île et retomber dans le lagon. On ne retrouve donc pas à Matahiva les causes de production dans la passe d'un courant constamment sortant; je suppose, sans l'avoir vérifié cependant, que l'unique passe de Matahiva doit être parcourue par un courant alternativement entrant et sortant et dû à la marée.

*Formation et structure des récifs de corail.* — Tout le monde sait que les récifs de corail sont produits par des organismes dont la plupart appartiennent au règne animal. Mais on croit généralement que ces animaux construisent directement le récif. C'est une idée fausse, ou tout au moins très différente de la vérité en ce qui concerne le récif extérieur et très éloignée de la réalité en ce qui concerne les récifs intérieurs.

J'ai eu recours, pour l'étude de ces questions, à deux ouvrages auxquels je ferai quelquefois allusion dans la suite. Le premier est le célèbre travail du grand naturaliste Ch. Darwin, paru en 1842 et principalement écrit au moyen des matériaux recueillis pendant son voyage sur le *Beagle*, une dizaine d'années auparavant. Il est intitulé *Coral reefs*.

Le second est un traité intitulé *Coral and coral islands* écrit en 1872 par le professeur américain James D. Dana, d'après ses observations faites au cours d'un voyage d'études organisé par le gouvernement des Etats-Unis de 1838 à 1842.

Ces deux auteurs ont surtout étudié personnellement les îles du Pacifique. Leurs observations et leurs théories sont donc pour nous particulièrement intéressantes.

Les organismes producteurs de corail sont pour la plupart des animaux désignés sous le nom de polypes (en anglais polyps, on voudra bien m'excuser si une dénomination différente est en usage en France); mais il en existe aussi d'autres et notamment des végétaux, des algues, dont le rôle est entièrement semblable, et les formes analogues. Je parlerai ci-après comme si l'on n'avait jamais affaire qu'à des polypes.

Pour l'observateur non zoologiste, comme l'auteur de ce rapport, ces animaux ne sont pas visibles; ce qu'il aperçoit, c'est une masse globuleuse ou branchue, en chou-fleur la plupart du temps, pierreuse et extrêmement dure. Cela s'appelle un pâté de corail vivant. Des photographies prises sous l'eau de la mer par M. Bopp, photographe à Papeete, donnent une idée très exacte des formes du corail vivant, mais elles n'ont pu reproduire les couleurs, qui sont merveilleuses. Tous ceux qui ont pu contempler de leurs yeux ces paysages sous-marins en sont revenus littéralement éblouis.

Les naturalistes nous apprennent cependant que ce pâté de corail n'est réellement vivant que sur une mince épaisseur superficielle de peut-être un millimètre ou moins. Cette mince couche animale est traversée de cloisons calcaires qui en forment en quelque sorte le squelette, vivant à la manière des os des vertébrés. Toute la masse calcaire sous jacente, qui est compacte et dure, a bien été sécrétée par l'animal ou les animaux qui forment la couche vivante, mais en fait cette masse a déjà cessé de vivre et n'est plus qu'un support.

L'accroissement du pâté se fait par suite de la sécrétion de calcaire qui augmente les dimensions du support et notamment le développement de sa surface; la couche de matière vivante s'étend ainsi et se cloisonne davantage; en même temps elle ajoute une nouvelle couche à son support. Je n'essayerai pas de décrire plus complètement ce mécanisme, ni d'expliquer comment se forment les ramifications ou les circonvolutions profondes qui donnent au pâté de corail sa forme en chou-fleur. Je dirai seulement que certains polypes et notamment ceux du genre madrépore sont quelquefois très branchus et de formes très grêles. Leur mode de croissance et les traits généraux de leur structure sont cependant semblables à ceux que je viens de décrire sommairement.

Ce que l'on appelle un corail vivant est donc en réalité une masse de calcaire déjà retournée à l'état minéral et servant de support à une colonie animale très mince qui secrète son propre support.

Quelques personnes se représentent la masse calcaire comme une sorte de ruche, renfermant les animaux, tandis qu'il serait plus exact de la désigner comme un squelette; en effet, le polype n'est pas enfermé dans le calcaire, c'est au contraire le calcaire qui est enveloppé dans le polype.

Le corail ne pousse ni au-dessus de la surface de l'eau ni à plus d'une quarantaine de mètres de profondeur. Cependant ces règles ne sont pas absolues; mais il n'entre pas dans le plan de ce rapport de les discuter en détail. Ce qui nous intéresse ici est de savoir en quels endroits des récifs poussent habituellement les pâtés producteurs d'une quantité relativement importante de calcaire.

On en trouve d'abord sur la surface des récifs intérieurs et à ce qu'il semble un peu partout. La plate-forme qui forme le revers du récif extérieur en est abondamment semée. C'est sur la plateforme du récif Ouest qu'ont été prises la plupart des photographies que j'ai rapportées.

Sur l'arête même du récif, on ne trouve pas de pâtés de corail vivant, à Papeete on y trouve des algues de toute sorte, dont quelques-unes franchement herbacées et d'autres productives de corail; mais l'absence de pâtés rend l'arête comparativement unie. Au delà de l'arête vers le large est une pente douce, descendant jusque vers les profondeurs de huit ou dix mètres. C'est là que le corail pousse le plus abondamment. C'est là que se trouve ce que le naturaliste Dana appelle la « plantation » terme pittoresque et exact. Plus loin vers la mer la profondeur augmente et le nombre de pâtés diminue. Il ne faut d'ailleurs pas se figurer la plantation qui se trouve sur la plage extérieure comme rigoureusement continue. Elle laisse au contraire de grandes clairières où la roche sous jacente apparaît, compacte, dure et parfaitement lisse quoique la forme générale en soit très tourmentée. On voit bien là que cette roche n'a pas pu être formée par la confluence des pâtés de corail vivants, car dans ce cas elle serait spongieuse, tandis qu'elle est au contraire remarquablement compacte.

Cette plage extérieure, où sont semés les coraux, est traversée dans une direction perpendiculaire à la crête par des coupures quelquefois profondes qui s'avancent plus ou moins près de l'arête et parfois la tranchent tout à fait; c'est alors une passe en miniature; il en existe une de ce genre sur le récif extérieur Est de Papeete, et l'on nous a montré qu'une embarcation peut passer par là.

On se représente ordinairement le récif comme une masse étendue de corail, vivante uniformément sur toute sa surface supérieure et s'accroissant graduellement vers le haut en vertu de sa poussée de vie..... Rien n'est plus loin de la vérité (Dana).

En réalité la masse du récif est, comme je l'ai dit, une masse compacte: elle est principalement formée de débris de corail agglutinés; je ne dis pas qu'il ne reste pas dans la masse, par ci, par là, un tronc de corail resté à la place même où il a vécu, mais les intervalles, qui forment la plus grande partie du volume, ont été remplis des débris détachés par la mer.

Que les lames de la mer réduisent le corail en morceaux, c'est ce dont il n'est pas permis de douter un instant dès qu'on a parcouru les plages à l'est de Papeete et les récifs intérieurs avoisinants, car tout cela est littéralement couvert de morceaux de toute grosseur, de sables et de vases calcaires provenant sans aucun doute de la désagrégation des coraux par le choc des lames. Le mécanisme de l'agglomération qui de ces débris, de ces sables et de ces vases fait un rocher solide, ne m'est pas connu dans le détail ; je suppose qu'il intervient une dissolution du calcaire dans l'eau suivie d'une précipitation nouvelle. Il semble qu'on assiste à ce phénomène en certains points des plages où l'on voit un précipité calcaire impalpable couvrant les cailloux arrondis ou les débris anguleux qui jonchent le sol. Quel qu'en soit le mécanisme, la réalité de l'agglomération par un ciment calcaire n'est pas douteuse, car on trouve partout sur les récifs intérieurs des plaques de poudingue ainsi formées ; on rencontre aussi sur les plages, à Matahiva par exemple, des bancs de grès formés de sables calcaires agglutinés par un ciment de nature calcaire aussi.

Le récif extérieur n'est donc en fait qu'un amas de débris solidifié. Les lames de la mer lui ont donné sa forme, l'eau de la mer lui a donné sa solidité. On peut vérifier sur les profils en travers du récif de Papeete que ses formes sont exactement celles d'un cordon littoral de sables et de galets, et en réalité c'en est un.

« L'Océan, dit Dana, est ainsi l'architecte, tandis que les polypes producteurs de corail fournissent les matériaux de construction. »

Les formes du récif, sa texture, la manière dont les coraux sont épars à sa surface, avec de vastes espaces stériles, tout cela reste inexplicable tant qu'on s'arrête à l'idée que les coraux construisent directement le récif. Tout s'éclaire dès que l'on comprend que la construction a été élevée par la mer avec les débris arrachés aux coraux.

Les récifs intérieurs sont certainement d'une formation analogue ; mais leur texture est beaucoup moins compacte. Ainsi on a pu battre des pieux dans le récif de Motu-Uta, tandis qu'il faut la barre à mine pour entamer le récif du large. Beaucoup de portions des récifs intérieurs sont de simples amas de sables agglutinés seulement à la surface.

*Comment s'entretiennent les chenaux et les passes.* — L'origine première des chenaux qui séparent de la terre les récifs en barrière a fait l'objet d'une intéressante hypothèse de Ch. Darwin. D'après le grand naturaliste, les îles à barrière ont été primitivement des îles à récifs en frange, ayant par conséquent une ceinture collée au rivage. Mais l'île ainsi entourée s'est progressivement enfoncée dans la mer. Le corail, qui peut pousser jusqu'au niveau de la mer, mais non au-dessus, s'est alors mis à pousser en hauteur sur le récif, au fur et à mesure que celui-ci s'enfonçait sous l'eau, et cette poussée du corail a toujours maintenu la crête au niveau de l'eau ou à peu près. Mais, pour diverses raisons, la croissance se fait surtout par le bord extérieur du récif, la partie attenante à la terre ne marchant pas aussi vite. De là résulte la formation du chenal. Sous la double influence de l'abaissement général de l'île et de la croissance correspondante de l'arête du récif, celle-ci reste à peu près en place, tandis que la laisse de la mer sur le rivage s'éloigne de plus en plus vers le centre de l'île.

Cette hypothèse a paru plausible à la plupart des naturalistes qui ont étudié les îles du Pacifique. Mais je ne m'y arrêterai pas : il suffit qu'elle puisse aider le lecteur de ce rapport à coordonner des faits nécessairement un peu complexes et singulièrement différents de ceux auxquels on est habitué sur nos côtes.

Quelle que soit l'origine première du chenal, il est un fait certain, c'est qu'il se maintient. Pour l'ingénieur, la question est de savoir quelles sont les forces qui tendent à l'obstruer, s'il y en a, et quelles forces dans ce cas le maintiennent ouvert. On se rappelle que ces chenaux communiquent avec la haute mer par des passes. La même question se pose pour elles : comment restent-elles ouvertes à travers un récif qui, d'une manière ou d'une autre, augmente ses dimensions et produit une quantité considérable de calcaire toujours prête à ce qu'il semble à remplir tous les trous.

Je m'occuperai d'abord des passes. Je ne recherche pas les causes de leur formation première ; cela me conduirait à discuter l'hypothèse de Darwin et à chercher à rétablir l'histoire ancienne du récif, tandis que ce sont les phénomènes actuels qui intéressent le plus l'ingénieur. La passe existe : connaissons-nous des causes qui tendent à l'obstruer ? Il en vient immédiatement une à l'esprit, et c'est même la seule à laquelle on pense ordinairement : c'est la croissance du corail. Les premiers qui se sont posé cette question ont remarqué que les passes sont situées en face des vallées, cela est en effet très fréquent, presque général ; ils ont admis que ces vallées descendent des cours d'eau assez abondants pour rendre saumâtre l'eau qui franchit la passe. Or, le corail ne pousse pas bien dans l'eau saumâtre ; cela suffisait pour expliquer que le corail ne pousse pas dans la passe. Cette explication ne correspond nullement aux faits. A Papeete, il ne vient dans le port qu'une quantité insignifiante d'eau douce, tandis qu'il sort par la passe un véritable fleuve d'eau de mer, dont la salure est évidemment exactement égale à celle de l'océan.

Ch. Darwin a également tenté d'expliquer comment le corail ne pousse pas dans les passes ; il a remarqué que ces ouvertures sont, comme je l'ai déjà dit, traversées par un courant d'eau salée qui a balayé le chenal. Cette eau arrive donc chargée de particules solides ; or, d'après Darwin, un très léger trouble suffit pour empêcher le corail de vivre. Cette explication est bien meilleure que la précédente, et dans une certaine mesure je l'ai vérifiée à Papeete. L'eau qui traverse la passe nous est apparue chargée de très fines particules qu'on voit briller dans l'eau comme des poussières dans un rayon de soleil. D'un autre côté l'examen du fond fait à l'aide de ce qu'on appelle en Océanie la lunette de plongeur (j'ai pu voir jusqu'à une quinzaine de mètres de fond avec bonne clarté), m'a montré que les pâtés de corail sont, non pas absents tout à fait, mais moins abondants que sur la pente extérieure du récif.

Je ne crois pas cependant que l'explication que je viens de donner soit la bonne. Nous savons en effet que les matériaux fournis par le corail sont employés par la mer à construire le récif. Mais elle ne les utilise pas nécessairement sur place ; il est sûr au contraire qu'elle les roule sur les plages du récif tantôt dans un sens et tantôt dans l'autre. Il n'est donc pas nécessaire que le corail pousse dans la passe pour la combler, il suffit que le récif voisin en fournisse. Une passe pourrait s'obstruer sans que le corail puisse y pousser ; en fait j'en connais un exemple, qui sera donné plus loin, c'est l'obstruction de la passe de Saint-Gilles à la Réunion à la suite de travaux qui ont arrêté absolument le courant qui la traverse. A la suite de ces travaux, et dans un temps bien insuffisant pour la croissance des coraux, la passe se remplit de sables coralliens fournis par le récif (et aussi, il faut le reconnaître, d'autres matériaux ne venant pas du récif lui-même).

Inversement je connais une passe, celle de Matahiva, où le corail pousse avec vigueur, et qui ne s'obstrue pourtant pas, quoique elle soit bien étroite et peu profonde. Mais cette passe est traversée par un courant violent.

Je conclus de là que les passes sont maintenues par une action directe mécanique du courant, qui enlève les débris apportés par la mer ou détachés sur place des coraux qui y vivent.

On s'explique de la même manière le maintien des chenaux. Le corail y vit très bien puisque il y forme des récifs de masse considérable celui de Motu-Uta à Papeete. Mais ces récifs ne parviennent jamais à obstruer entièrement le chenal à cause du courant.

En se reportant à la section du port de Papeete, c'est-à-dire en fait d'un chenal très large, on comprendra que la mer qui déferle par dessus le récif extérieur projette dans le chenal des débris arrachés aux coraux de la plage extérieure. Ces débris formeraient comme dans tous les cordons littoraux une pente douce descendant vers la terre si le courant du chenal ne venait les balayer et y creuser son lit. Lorsqu'on explore le revers du récif on constate très bien la présence de ces débris, mais ils présentent un talus raide comme un bord de rivière, et c'est en effet un bord de rivière.

*Formation des atolls.* — Dans les atolls, le chenal n'existe plus : il est remplacé par le lagon, vaste nappe d'eau où ne se forment pas habituellement de courants définis comme celui que nous venons de décrire. Aussi les débris rejetés par la mer peuvent-ils s'accumuler de manière à former vers le lagon une pente douce et prolongée. Ayant ainsi du pied, ils peuvent continuer à s'élever jusqu'à former des îlots ou même un anneau continu. Les atolls sont construits par la mer de la même manière que les récifs barrière.

## § 3. — *Entrée du port.*

Tahiti est une île à récif en barrière ; le port de Papeete n'est autre chose qu'une partie large de ce que nous avons appelé le « chenal » ; il débouche dans l'océan par une passe naturelle coupant le récif extérieur. On peut voir sur la carte marine la forme en plan de cette passe, elle est intéressante : les deux courbes O sont à près de 500 mètres l'une de l'autre, et les deux courbes de profondeur 10 sont, sauf quelques hauts fonds que je néglige provisoirement, à 100 ou 120 mètres seulement, mais cette partie profonde n'est pas dans l'axe elle est rejetée tout à fait à l'Est de manière que le récif Ouest se prolonge sous l'eau en tête de requin jusqu'à près de 300 mètres du musoir apparent, tandis que le récif de l'Est est presque accore.

Cette impression sera confirmée par l'examen des profils en travers.

On trouve des formes analogues aux embouchures des rivières qui se jettent à la mer à travers un cordon littoral. Si le récif de Papeete n'était qu'un amas de galets poussés par la lame dans la direction Ouest-Est, et si une importante rivière se jetait à la mer par là, l'embouchure présenterait une configuration générale assez analogue.

Je dis une importante rivière et je crains qu'on ne se rende pas bien compte de la valeur du mot ; j'ouvre donc ici une courte parenthèse pour appeler l'attention sur les dimensions de ce fleuve d'eau salée. Je rappelle qu'il a 500 mètres de largeur au plan d'eau et plus de 14 mètres de profondeur maxima au point le plus resserré ; la section est de 3,130 mètres carrés, et la vitesse y atteint, paraît-il, quelquefois jusqu'à 6 nœuds (3 mètres par seconde), mais je crois ce chiffre un peu exagéré ; 3 nœuds en tout cas, est une vitesse fréquente (1 m. 50). Le débit est donc de 4,700 mètres cubes à la seconde, non pas toujours, mais fréquemment. C'est un fleuve considérable.

*Le courant de sortie de la passe et ses causes.* — La superficie de la rade de Papeete est d'environ 225 hectares en chiffre rond et la montée de la mer étant de 45 centimètres environ on peut aisément calculer le volume d'eau qui entre et sort à chaque marée. Or, la section de la passe est de 3,130 mètres carrés. De ces données, il est facile de déduire la vitesse moyenne du courant de marée : on trouve que le débit moyen est de 23 mètres cubes à la seconde et la vitesse moyenne 15 millimètres ; en admettant que la vitesse maximum puisse atteindre une valeur double, on n'arrive encore qu'à un chiffre insignifiant. On peut donc entièrement négliger l'influence de la marée sur le courant de sortie.

La vraie cause de ce courant, c'est celle que j'ai indiquée ci-dessus dans les généralités, c'est le déversement des lames par-dessus le récif. On n'en connaît pas d'autre pour le moment ; et, sous réserve d'observations nouvelles, il nous faut admettre que tout vient de là. Cependant la question a une si grande importance qu'il faut examiner si cette cause est vraiment adéquate. Je vais le faire rapidement. La passe de Papeete est située entre deux autres : celle de Taapuna à l'Ouest et celle de Taunoa à l'Est, entre lesquelles est une longueur de récif de 8 milles marins environ, soit 13 kilomètres. Il n'est pas probable que le déferlement se produise sur toute la longueur à la fois, et d'ailleurs le débit se partage forcément entre les trois passes ; admettons une longueur de 4 kilomètres seulement pour la partie dont les eaux passent par Papeete ; nous avons calculé un débit de 4,700 mètres par seconde correspondant à un courant de 3 nœuds dans la passe. Cela donne un peu plus de 1 mètre cube par seconde et par mètre courant de récif. A une profondeur d'eau de 5 mètres au large du récif cela donnerait une vitesse de 0m20 à 0m25, disons un demi nœud, qui n'a rien d'invraisemblable. Tout le monde a observé ce courant portant vers le récif : M. Kérouaul et moi-même avons dû veiller pour ne pas être entraînés par lui, mais je n'ai aucune mesure de vitesse.

Si l'explication ci-dessus est exacte, le courant de la passe fait partie d'un circuit fermé qui va de l'Océan à grande profondeur à la rade, en franchissant le récif et retourne à l'Océan par la passe. La force vive nécessaire pour vaincre les résistances lui est fournie par la houle du large.

Si la direction et la vitesse de ce courant

dans la passe étaient constantes, la gêne qui en résulterait pour les navires serait moindre: malheureusement, sa vitesse varie de 0 à 6 nœuds, dit-on, et sa direction a été trouvée par M. Volmat au Nord 50°0, tandis que les pilotes l'indiquent Nord 75°0. Il est possible que les courants de fond ne soient pas les mêmes que les courants de surface. Il semble qu'il y a sur le prolongement sous-marin du récif Ouest de véritables remous. Sur la vitesse, même incertitude. M. Volmat a observé 0,65 nœud, tandis que M. Adams, pilote, jugeant d'ailleurs sans instrument à l'œil, m'a parlé de 6 nœuds. Voici une intéressante observation qui, je crois, donnera une idée exacte de la situation.

Le 29 ou le 30 juin 1912, le quatre mâts *Expansion*, de San Francisco, de 545 tonneaux de jauge nette et calant à peu près 5 mètres d'eau, entrait au port de Papeete, remorqué par la *Suzanne*, goélette à gazoline. Il venait de l'Est et devait contourner par conséquent l'extrémité occidentale du récif Est. Tout alla bien pendant la première moitié de la longueur de la passe, mais ensuite, au moment où on aurait pu croire qu'on entrait en eau calme, un courant traversier jeta l'avant du quatre mâts sur l'écueil qui entoure le récif de l'Ouest. Les deux points importants sont que le courant s'est fait sentir à l'intérieur de la rade et que l'échouement eut lieu par l'avant, tandis que le navire avait à venir sur bâbord, c'est son extrémité arrière qui aurait risqué de frapper l'écueil. Le pilote Adams qui était sur le remorqueur m'a raconté cet accident en détail le lendemain ou le surlendemain. D'après lui, ce jour là, le courant sortant atteignait une vitesse de 6 nœuds. Dans la passe, dit-il, le courant superficiel est toujours sortant, mais immédiatement en dedans on trouve un courant de fond portant à l'Ouest, et c'est ce dernier qui saisit le quatre mâts. On peut noter que ce que M. Adams appelle un courant de fond est en réalité un courant entre deux eaux puisqu'il a influencé l'*Expansion* qui calait seulement 5 mètres.

Dans les profondeurs de 10 ou 15 mètres, il est infiniment probable que le courant est dirigé droit au large, lorsqu'il est le plus intense. En effet, le capitaine de port a fait enlever à la dynamite des excroissances rocheuses qui obstruaient le chenal et ne s'est jamais inquiété de l'enlever les débris, que le courant a emmenés au large.

Dans les grandes profondeurs, d'ailleurs, la forme du fond semble s'opposer à un mouvement transversal, et ce qu'il importe de retenir, c'est que le courant direct y paraît très fort.

C'est le courant transversal qui règne, à ce qu'il semble, dans les profondeurs de 4 à 6 mètres, qui constitue le véritable défaut de la passe de Papeete. En relisant le récit très intéressant, donné par M. Volmat, des accidents qui ont fait à cette passe une mauvaise réputation, et en le rapprochant du fait que je viens de rapporter moi-même, je crois qu'on verra bien qu'il existe un défaut réel et qu'il ne faut pas trop se hâter d'incriminer la maladresse de ceux qui ont eu la mauvaise chance de toucher le fond au milieu de courants aussi peu définis.

Il semble qu'il y a deux moyens de porter remède à ce mal: l'un est de tenter de redresser le courant et l'autre est de diriger la passe plus à l'Ouest de manière à prendre le courant dans sa direction même. La direction d'entrée des navires est S. 31° Est, tandis que le courant est au moins à 50° de la direction Nord-Sud. Je crois qu'on aurait déjà fait quelque chose si on reportait la direction d'entrée vers le S. 40° E.

La seule difficulté que j'y voie, c'est que le choix de l'emplacement des balises serait moins facile, mais la difficulté ne me paraît pas insurmontable. Je recommanderais donc volontiers cette solution.

On verra plus loin qu'il est nécessaire de recouper le fond de la passe dans la partie profonde pour y ménager un chenal à 13 mètres de profondeur. Il n'est pas sensiblement plus difficile de le creuser dans une direction que dans une autre, et dans la partie profonde la direction des filets d'eau sera sans doute toujours celle qu'on aura donnée au chenal.

Quant au redressement du courant, c'est une opération beaucoup plus difficile. Il faudrait d'abord connaître avec certitude la cause du courant transversal si gênant. En l'absence d'observations méthodiques, on en est réduit à l'hypothèse. J'avoue, d'ailleurs, que celle qui se présente naturellement est extrêmement plausible. Du récif de l'Ouest vient une certaine quantité d'eau qui pénètre dans la rade par son angle Sud-Ouest et, entrant dans ce large bassin loin de l'orifice de sortie, s'y diffuse et perd sa vitesse. Il n'en est pas de même du courant qui vient de l'Est entre le récif extérieur et Motu Uta. Celui-ci arrive très probablement en vitesse sur l'orifice de sortie et c'est lui qui sans doute cause le mal. Si cette explication est vraie, on pourrait songer à un barrage entre le récif extérieur et Motu-Uta, mais c'est un gros travail.

Dans l'intérieur du port, on constate très bien ces deux courants dont je viens de parler qui viennent de l'un de Nuu Tere et l'autre du chenal de Taunoa. Le long du rivage devant la ville, on observe un très léger courant allant de l'Ouest à l'Est.

Il serait à désirer qu'une étude expérimentale fut faite de ces courants, avec méthode et au moyen d'instruments permettant de mesurer la vitesse à diverses profondeurs.

Mais dès à présent, il paraît probable qu'il serait utile d'incliner la passe un peu plus à l'Ouest et que cependant il faudra toujours compter avec un courant transversal assez sensible.

*Profondeur à donner au passage des navires.* — D'après les travaux de M. Volmat, la profondeur actuelle est d'au moins 9 mètres sur une largeur de 65 mètres. C'est insuffisant. Dès à présent, le port est fréquenté par le *Tahiti*, de l'union S. S., qui ne tire habituellement, quand il passe que 26 pieds, mais qui en pleine charge peut tirer 28 pieds, c'est-à-dire 8 m. 40, il aurait de la peine à entrer en pleine charge et par une houle un peu forte; je ne parle pas de la largeur dont je m'occuperai tout à l'heure. Pour satisfaire aux exigences pour ainsi dire immédiates, il faudrait que le port pût recevoir les navires calant 9 mètres, ce qui exige une entrée à dix. C'est à ce chiffre qu'il faudrait s'arrêter pour un port local. Mais, pour un port destiné à servir d'escale aux navires fréquentant le canal de Panama, ce n'est pas assez. Tout navire passant par le canal doit être en état de se ravitailler en charbon à Tahiti. Refuser les plus importants, c'est réduire l'affaire dans une large mesure et peut-être la faire échouer. Voyons donc quelles sont les dimensions à prévoir pour recevoir ces navires, et nous examinerons ensuite si le travail doit se faire en une seule fois ou si l'on peut prévoir une exécution progressive.

Les écluses de Panama doivent avoir :
305 mètres de longueur,
33 m. 55 de largeur,
et la profondeur d'eau sur le busc doit être de 12 m. 20 en eau salée et de 12 m. 60 en eau douce. Un navire calant 12 m. 20 passerait dans le canal en attendant au besoin la marée, et un navire de 12 mètres passera aisément. C'est ce chiffre que je prendrai comme régulateur, et on n'oubliera pas qu'il est plutôt faible que fort, de sorte qu'il faudra plutôt forcer les excédents ménagés pour le jeu.

Je conclus de là qu'en donnant à l'entrée de Papeete 13 mètres de profondeur on fera assez et on n'aura pas chance de se trouver embarrassé. Mais il ne faut pas rester au dessous. 13 mètres doit être un minimum absolu, sans tolérance. Pour la conduite des travaux, on fera bien de se régler sur quelques décimètres de plus. Ce tirant d'eau de 12 mètres sur lequel je compte ici pour les navires n'est pas encore réalisé à ma connaissance, mais on s'en rapproche beaucoup dès à présent. Les grands Cunard *Lusitania* et *Mauritania* calent en pleine charge 37 pieds 6 pouces soit 11 m. 44. On est donc trop près du tirant d'eau de 12 mètres pour qu'il soit prudent de prévoir les ports pour un chiffre moindre.

*Largeur à donner à la passe.* — Pour les mêmes raisons nous devons tabler sur un navire se rapprochant de 33 mètres de largeur.

Je supposerai d'abord qu'on laisse à la direction d'entrée et de sortie des navires l'orientation actuelle. D'après M. Volmat, elle est Nord 31 degrés Ouest, ce qui est d'accord avec la carte marine. Le même ingénieur a observé des courants portant Nord 50 degrés Ouest et rapporte que les pilotes lui ont parlé de courants un peu plus traversiers estimés Nord 75 degrés Ouest, c'est-à-dire à bien près de 45 degrés de l'axe de la passe. Le pilote m'a dit que le 29 ou 30 juin, lors de l'entrée de l'*Expansion*, il estimait le courant à 6 nœuds. Jusqu'à observation plus méthodique, je considérerai ce chiffre comme un peu fort et je calculerai sur un courant ayant une composante de 4 nœuds vers le large et une de 3 nœuds en travers, ce qui correspond à une vitesse résultante de 5 nœuds et une direction à peu près Nord 68 degrés Ouest. Ce sont là des conditions déjà difficiles, probablement même un peu plus difficiles que la réalité. Un grand navire en effet sera influencé davantage par les courants de grande profondeur qui très probablement sont plus nettement orientés vers le large, ainsi que je l'ai déjà dit en en donnant les raisons.

Un navire se présentant devant la passe et sachant qu'un violent courant le portera vers l'Ouest cherchera à passer le plus possible vers l'Est et il adoptera, si le balisage le permet, l'alignement que j'appelle extrême Est et qui est tel que si le centre du navire le parcourt, la muraille de bâbord passe juste à toucher l'accore du bord de la passe, avec seulement le jeu nécessaire pour parer aux accidents. En même temps le navire, s'il est bien sûr de sa direction, se mettra à la plus grande vitesse raisonnable, disons seize nœuds. L'avant-port est assez profond et assez étendu pour qu'il puisse adopter cette marche, pourvu seulement qu'il connaisse avec certitude et précision l'alignement qui est pour lui essentiel. Puisque il navigue dans un courant sortant de 4 nœuds, sa vitesse absolue est de 12 nœuds ou en chiffre rond 6 mètres à la seconde. Comme il a 300 mètres de long et la passe environ 100, il franchira totalement la passe en 66 s. 67. S'il s'applique à se maintenir exactement droit sans chercher à gouverner aucunement, ce qui risquerait de lui donner une obliquité dangereuse, le courant transversal le transportera parallèlement à lui-même vers l'ouest à raison de 3 nœuds ou 1 m. 50 par seconde et dans le temps qu'il met à franchir la passe il aura dérivé de 100 mètres vers l'ouest. Il devra alors se trouver au plus sur l'alignement extrême Ouest CD tracé de la même manière que l'alignement extrême Est, et il importe que ce second alignement soit à sa disposition comme le premier avec certitude et précision.

On verra facilement que dans ces conditions la largeur de 150 mètres entre les bords de la passe profonde est indispensable.

Cette petite étude montre en même temps combien l'existence de ce courant et son obliquité importent et combien il serait utile de pouvoir atténuer l'obliquité. J'ai donc cherché à me rendre compte de ce qu'on pourrait gagner de ce côté, et à cet effet j'ai reporté sur le plan hydrographique de la rade de Papeete, d'abord la passe de 150 mètres dirigée selon l'axe actuel, puis une passe dirigée plus à l'Ouest et tracée de manière que son prolongement vers l'avant-port passe à bonne distance du récif intérieur. On voit en passant que ce prolongement tombe sur un petit haut fond de 10 mètres qu'il faut, en tout cas, faire disparaître. Dans cette seconde solution, j'ai maintenu la largeur de 150 mètres, afin de voir où cela mènerait comme dérochements et il paraît tout de suite probable que le volume à enlever serait notablement plus fort que dans la première solution. Cela paraît clairement dès qu'on reporte les deux solutions sur le plan de la passe par M. Volmat, où l'on voit que la seconde solution a l'inconvénient de donner une beaucoup plus grande longueur de la berge Ouest, ce qui est grave. Mais dans ce second tracé l'obliquité du courant est devenue très faible, car la direction coincide avec celle qu'indique M. Volmat pour le courant observé par lui : on peut donc réduire la largeur à 125 mètres par exemple, et l'on obtient ainsi un tracé que je n'ai figuré que sur le plan Volmat et qui à première vue ne semble pas sensiblement inférieur au tracé actuel en ce qui concerne le volume à enlever et la longueur de la berge de l'Ouest. Ce tracé paraît très oblique au récif et surprend à première vue. Mais la réflexion ne lui est pas défavorable et il se peut qu'une solution intermédiaire finisse par obtenir la préférence. Le choix doit être laissé aux ingénieurs qui feront les études définitives. Pour le moment je conserve dans tout ce qui va suivre la passe de 150 mètres dirigée suivant l'axe actuel.

Les explications qui ont été données ci-dessus et l'extrait du rapport de M. Volmat montrent que la passe a été souvent dangereuse pour des navires calant relativement peu et surtout pour les navires remorqués. Pour un navire comme l'*Expansion* par exemple, l'approfondissement que je conseille ne donnerait aucune amélioration, car ce voilier calait 5 mètres et nos projets ne touchent pas aux fonds qui peuvent l'intéresser. La distance des courbes 5 que l'on trouvera tracées sur le plan hydrographique est telle qu'on ne peut vraiment comprendre comment des navires calant aussi peu d'eau peuvent se jeter sur le rocher. La même réflexion s'applique aux courbes 7 qui ne sont pratiquement pas distinctes des courbes 5. Les marins à qui ces accidents sont arrivés sont implicitement taxés de maladresse par presque tous ceux qui s'occupent de la question. Je demande la permission de ne pas me contenter de cette explication si facile pour celui qui ne tient pas le gouvernail. Le pilote Adams, qui dirigeait le remorquage de l'*Expansion* est un homme dont l'habileté est connue de tous; il a eu un accident cependant. L'explication doit à mon avis être cherchée dans le balisage très imparfait, très peu rationnel, et dans le défaut de bonnes instructions aux pilotes.

M. Volmat a signalé des imperfections du balisage actuel dont je parlerai un peu plus loin, mais selon moi c'est le plan même de ce balisage qui est à refaire sur de nouveaux principes.

*Balisage de la passe.* — J'ai essayé tout à l'heure d'indiquer comment on peut entrer un grand navire avec un courant violent : 1° aborder la passe à toute vitesse, le navire bien droit et sur l'alignement le plus éloigné vers l'ouest et non dangereux; 2° ne pas gouverner, garder sa vitesse et se laisser dériver par le courant transversal jusqu'à ce que l'arrière du navire ait dégagé la passe. En fait, c'est ainsi qu'on entre, c'est ainsi que l'*Aorangi* nous a entrés à Papeete. Seulement le balisage, avec son unique alignement placé plus ou moins exactement au milieu de la passe, est au fond très mal adapté à cette manœuvre qui est très simple, mais qui exige de la précision et du sang-froid. La première chose à donner au navigateur qui entre, c'est l'alignement extrême Ouest et il faut qu'il puisse l'avoir avec précision à une distance suffisante pour qu'il puisse le suivre, y prendre sa vitesse et arriver bien droit. Il doit d'ailleurs être informé qu'il n'a aucune tolérance sur la gauche, de sorte qu'en fait il doit être plutôt un peu en dedans. Il est aussi à désirer qu'un amer placé sur le récif avertisse le navigateur de l'instant précis où il entre dans la partie rétrécie et où les manœuvres deviennent dangereuses. Il faut enfin qu'un second alignement, aussi précis que le premier, mais qui n'a pas besoin d'être connu tout à fait aussi loin marque la barrière infranchissable à droite. Tant qu'il se voit à l'intérieur de ce second alignement, le navigateur est rassuré. Par la manière même dont les deux alignements se présentent à lui il juge avec une parfaite sûreté de sa place exacte dans le profil en travers du chenal.

Je suis amené à proposer le balisage précis de deux alignements : l'un qui serait le plus éloigné vers l'Est que les navires de 12 mètres de tirant d'eau puissent suivre sans danger, l'autre à l'Ouest dans les mêmes conditions. C'est au fond ce que demandent tous les marins que j'ai consultés. Plusieurs proposent des balises situées sur le bord même de la passe profonde, mais la construction en serait trop difficile ; d'autres parlent de bouées, mais les bouées manqueraient de précision et créeraient même un danger. Il ne reste donc qu'un moyen, c'est de donner les alignements par des pylônes situés sur le rivage et portant, la nuit, des feux. Il suffit de trois pylônes portant autant de feux : l'un plus éloigné dans la terre et deux plus rapprochés. D'après une indication qui m'a été donnée récemment, il existe une disposition de ce genre en France, on pourra donc s'en inspirer pour établir le projet définitif. Je suis obligé dans cette première étude de me borner à poser nettement le principe dont l'application paraît devoir être facile.

Il est intéressant de noter que M. Volmat, étudiant la même question, avait proposé un seul alignement, mais non situé dans l'axe de la passe, placé plus près du bord Est. Il reconnaissait d'ailleurs l'intérêt de faire apparaître clairement le bord Ouest de la passe. On peut donc dire qu'au fond nous sommes d'accord sur le principe, quoique les moyens de réalisation diffèrent.

A l'heure présente, la situation est bien défectueuse. et M. Volmat n'a pas manqué de le signaler. Il n'existe qu'un seul alignement, ce qui est, je le reconnais, conforme aux usages, mais selon moi insuffisant dans le cas présent,

Mais de plus cet alignement n'est pas assez sensible.

La distance actuelle des deux feux est de 120 mètres et l'alignement doit être utilisé à 1,500 mètres, c'est-à-dire que la passe est environ à 1,500 mètres du feu le plus éloigné, mais il faut avoir l'alignement bien avant d'atteindre la passe. M. Volmat conseille de reporter le feu inférieur à une distance de 150 mètres vers la mer, et cela est tout à fait désirable et facile. On devait le faire, mais on paraît l'avoir perdu de vue.

Ayant ainsi déterminé la profondeur définitive à donner à la passe et fixé le tracé, on peut se demander si l'exécution des travaux jusqu'à la profondeur définitive doit être faite immédiatement ou si on ne pourrait pas faire le travail en deux fois. Il est certain que la profondeur de 13 mètres n'est pas immédiatement nécessaire et ne le deviendra pas de longtemps. Mais la principale dépense à faire est l'achat du matériel et l'installation du chantier ; il serait donc peu économique de diviser l'exécution en deux phases. De plus, si la profondeur de 13 mètres devient nécessaire, c'est que le port aura bien réussi et sera fréquenté. Il sera alors beaucoup moins commode de travailler dans la passe; la dépense s'en trouvera augmentée et les navires seront gênés. Il est donc préférable d'exécuter la passe d'un seul coup à ses dimensions définitives.

*Objections à l'approfondissement de la passe.* — Dans une de ses communications au sujet de Papeete, le commandant Adigard, mort depuis, a dit qu'il jugeait l'élargissement de la passe inutile et dangereux, parce que, sans donner aucune facilité réelle d'entrée pour les navires, ce travail favoriserait la propagation de la houle à l'intérieur du port. Il n'a pas dit de quels navires il voulait parler, ni en quoi consistaient les travaux qu'il jugeait dangereux et qu'il appelait des travaux d'élargissement et non d'approfondissement. On ne sait donc pas au juste quelle est la réelle portée de son avis, sinon que de son temps et avec les navires qui fréquentaient alors Papeete, la passe était suffisante. Il est à présent bien démontré que pour les navires que nous voulons recevoir, la passe actuelle ne suffit pas.

Il nous reste à voir si les travaux projetés peuvent causer quelque difficulté du fait de la propagation de la houle. On voit, d'après les profils en travers de la passe, que l'agrandissement en surface est peu important (un dixième environ dans la partie la plus rétrécie). De plus, ces déblais à faire sont dans des parties déjà profondes. On n'aura pas de déblai à faire plus haut que les fonds de 5,00 et le centre de gravité des déblais sera vers 11 mètres de profondeur. Les roches situées à cette profondeur n'influent pas beaucoup sur la propagation de la houle dont la force vive est presque entièrement renfermée dans les 5 ou 6 premiers mètres à partir de la surface.

On ne peut pas dire absolument que ces travaux de déblai n'augmenteront en rien la propagation de la houle, mais l'augmentation sera très faible. D'ailleurs la partie du port qu'il est question d'utiliser n'est pas soumise à l'action directe de la houle venant par la passe, qui a le temps de s'amortir avant de parvenir dans cette partie reculée du port.

Il pourrait se faire que plus tard, si l'on veut utiliser le rivage vers l'ouest de la batterie de l'Embuscade, on se propose d'atténuer l'agitation qui peut pénétrer dans l'avant-port et la passe. Dans ce cas, on aurait un moyen très efficace, c'est de placer une digue en prolongement de la crête du récif de l'Ouest sur le plateau où les profondeurs sont de 3 à 5 mètres ; on fermerait ainsi une partie de la passe qui ne sert pratiquement à rien et on obtiendrait probablement un bon abri vers l'angle sud ouest de la rade.

Une autre objection que l'on peut faire à l'agrandissement de la section de la passe, c'est que la vitesse du courant peut se trouver diminuée par suite de l'augmentation de section et que des dépôts peuvent se former de ce fait. C'est ordinairement ce qui se passe dans les embouchures pratiquées à travers les cordons littoraux, et nous avons vu quelle analogie existe entre le récif barrière et un cordon littoral. Cependant cette objection ne tient pas devant un examen attentif. Les détritus peuvent pénétrer dans la passe de deux manières : en venant de l'intérieur du port ou en venant des pentes extérieures du récif, dans ce dernier cas poussés par la lame. Ceux qui viennent de l'intérieur sont extrêmement ténus, très légers, en sus-

pension entre deux eaux et le courant est beaucoup plus que suffisant pour les entraîner. J'aurai l'occasion d'en parler plus longuement à propos des ouvrages de protection du port. Il est clair que si le courant, les jours où il est de moindre vitesse, ne pouvait pas transporter les débris, on ne trouverait pas l'angle rentrant qui est très prononcé et dont l'existence est inconciliable avec un courant d'apports roulés sur le fond. Une diminution de vitesse du courant dans la proportion d'un dixième ne peut donc pas amener des dépôts de ce fait.

Quant aux matériaux roulés par la mer sur la plage extérieure du récif, ce n'est pas au fond de la passe qu'il faut les chercher, mais aux environs de la courbe zéro dont ils ne s'écartent guère, cheminant en zigzag le long de cette ligne. Par les vents d'Est, la lame les pousse vers l'Ouest, jusqu'à ce qu'ils trouvent l'entrée de la passe où ils pénètrent, toujours aux environs de la cote zéro; ils s'arrêtent quand la lame amortie ne peut plus les remuer, là ils s'agglomèrent avec le temps, et c'est ainsi que s'est formé cette sorte de musoir qui termine le récif de l'Est. Le même phénomène se produit, mais avec une ampleur beaucoup plus grande, de l'autre côté et sous l'influence des vents d'Ouest qui paraissent exercer ici une action prédominante. L'énorme épaississement du musoir Ouest et son prolongement sous-marin sont dus à cet effet.

On peut remarquer, de plus, un retour d'équerre de l'arête du récif sur environ 600 mètres de long. Il est dû à l'action de la houle de l'Est, qui a retroussé les débris amenés dans l'autre sens par les houles d'Ouest et entrés dans la passe, d'où ils ne peuvent plus sortir. Il peut paraître singulier d'entendre parler de ces masses rocheuses compactes et dures que la barre à mine a peine à entamer, comme si c'étaient des amas de sables mouvants: mais on cessera de s'étonner si on se rappelle que c'est la mer qui leur a donné leurs formes, alors qu'elles n'étaient pas encore consolidées. La marche de la consolidation est évidemment extrêmement lente. de sorte que si la quantité de débris apportés était grande, on en trouverait beaucoup à l'état mouvant; or on en trouve, mais peu. La production de matériaux par les plantations de corail est donc certainement, elle-même, très lente. Dana a cherché à l'apprécier par conjecture et arrive à un chiffre de 1 millim. 5 à 2 millimètres d'épaisseur par an, en supposant que toute la production soit étalée à la surface entière du récif.

Telle est en gros la marche de ces phénomènes. Il en résulte qu'on n'a pas à craindre de provoquer des atterrissements rapides dans la profondeur de la passe, même si on diminuait sensiblement la vitesse du courant. Cependant la prudence est de rigueur et il ne faut faire dans ce sens que l'indispensable.

*§ 4. — Ouvrages de protection contre la mer.*

Tant que le niveau de la mer ne dépasse pas la crête du récif extérieur, la lame, même forte, se brise, et l'agitation ne pénètre que fort peu dans le port par dessus le récif. J'ai déjà dit que les hautes marées ordinaires sont d'environ 0,45, de manière qu'elles affleurent juste la crête. Dans ces conditions, la protection est, sinon parfaite, du moins satisfaisante. Cependant on a les plus fortes raisons de croire que des marées plus importantes et relativement fréquentes se produisent; malheureusement on en ignore les causes et les lois. Les observations sur les mouvements du niveau de la mer sont en effet très incomplètes et très peu précises. l'installation d'un marégraphe est désirable pour les compléter. La plus haute marée que l'on connaisse est celle des 7 et 8 février 1906; elle n'avait d'ailleurs rien de commun avec la marée ordinaire et paraît avoir été causée par un cyclone.

D'après les observations de M. Volmat, elle a relevé le niveau de la mer à Papeete à 2,05 au-dessus du zéro adopté par lui. M. Volmat paraît admettre, sans le dire expressément, que ce relèvement ne s'étendait qu'à la rade même de Papeete, et que le niveau de l'Océan au large était sensiblement moins haut. Je discuterai cette théorie tout à l'heure ; mais je puis dire dès à présent que j'ai la preuve que cette marée de 2 00 environ s'est fait sentir sur toute la partie Nord des côtes de Tahiti et il me semble hors de doute qu'elle existait en mer aussi bien que sur le rivage.

D'après moi donc, et je donnerai un peu plus

loin les faits sur lesquels j'appuie mon opinion. la mer peut prendre devant Papeete et aux environs, dans des circonstances, il est vrai, exceptionnelles, un niveau supérieur de 2 mètres au moins à celui auquel sont rapportées les sondes du plan hydrographique. Je me propose de montrer que, dans ces conditions, le port n'offrirait plus qu'une sécurité insuffisante. Je dirai même que la sécurité cesserait d'être satisfaisante si, au lieu d'une marée de 2,00, on avait une marée de 1,50 par exemple, ce qui peut-être se présente plus fréquemment qu'on ne croit.

Pour fonder mon opinion, j'aurai besoin d'insister sur ce qui s'est produit pendant le raz de marée de 1906, sur la réalité de cette marée exceptionnelle de 2 mètres et de son extension au niveau de l'Océan au large. Il me faudra notamment discuter une théorie que j'ai entendu émettre et qui paraît être en somme celle de M. Volmat, d'après laquelle le relèvement du niveau de l'eau aurait été purement local, borné à la rade, et dû au phénomène de déversement par-dessus le récif dont il a déjà été question. Les personnes qui, d'une manière plus ou moins complète et claire, admettent cette théorie, supposent, sans trop préciser, que le déversement des lames peut accumuler l'eau entre la côte et le récif jusqu'à faire de la rade une sorte de réservoir dont le niveau devient ainsi sensiblement plus haut que l'Océan.

Pendant le raz de marée des 7 et 8 février 1906, ce serait cette cause qui aurait gonflé extraordinairement la rade et produit une surélévation de 2 mètres ou du moins qui aurait contribué pour une très large part à la produire. J'essayerai de montrer que cette hypothèse est a priori improbable et que les faits ne la justifient en aucune manière, je dirai à quelle cause il faut selon moi rapporter le raz de marée, c'est-à-dire à l'action directe d'un cyclone qui se trouvait alors dans le voisinage relatif de Tahiti. Je ne puis pas il est vrai donner une explication complète du phénomène, mais le rattachement au cyclone semble hors de doute et n'est d'ailleurs contesté par personne.

*Possibilité d'une différence de niveau entre la rade de Papeete et l'Océan.* — Je vais, en premier lieu, étudier l'important question de la différence de niveau entre la rade et l'Océan. En faisant cette comparaison, il faut toujours se rappeler que la surface de la mer, au large, n'est ni horizontale ni immobile; elle est agitée par les mouvements oscillatoires de la houle; le plan qu'il s'agit de comparer au plan d'eau de la rade est donc celui qui passerait entre la crête et le creux des lames de manière à laisser sensiblement autant d'eau au dessus de lui que d'air au-dessous, définition d'ailleurs purement théorique.

Puisque nous constatons dans la passe un courant dont la vitesse peut, dit-on, atteindre 3 mètres par seconde, il faut bien qu'il existe une certaine dénivellation entre la rade et la mer. Suivons un filet liquide depuis l'intérieur de la rade où la vitesse est sensiblement nulle jusque dans la passe même où la vitesse est par exemple de 3 mètres, c'est le chiffre le plus fort qu'on ait jamais indiqué, en négligeant la perte de charge, il faudrait que le niveau se fût abaissé de 46 centimètres. Il est donc très probable, presque certain même, qu'il existe une différence de niveau très appréciable entre la rade et la passe, et c'est peut-être ce qui a donné naissance à l'opinion que cette différence se maintient au large. Mais si l'on continue vers le large, toujours en suivant le même filet d'eau et en négligeant provisoirement la perte de charge, le niveau devrait se relever d'autant puisque ce filet fluide passe de la vitesse 3 mètres à la vitesse 0 mètre. Si, à présent, je tiens compte de la perte de charge, je trouverai aisément que la différence du niveau extérieur au niveau intérieur est précisément égale à la perte de charge, que l'on ne peut, sans doute, pas calculer exactement, mais dont on peut se faire une idée assez juste en considérant la passe comme un canal découvert d'une centaine de mètres de long avec une section pareille à celle qui a été définie ci-dessus. On trouve ainsi 6 centimètres. Autrement dit, la différence correspondante à cette vitesse de 3 mètres, dont la réalité n'est pas absolument certaine, est tout à fait insignifiante. Je ne crois pas qu'il ait été fait de tentative de mesure directe, et l'on voit bien qu'une pareille mesure est difficile à prendre sinon tout à fait impossible. La sur-

face idéale de l'Océan, lorsque la houle est un peu prononcée, n'est pas, en effet, déterminée à quelques centimètres près. Pratiquement, même en temps de courant violent, le niveau paraît donc devoir être à très peu près le même à l'extérieur et à l'intérieur; ce résultat n'étonnera, je crois, personne.

Ce qui précède suppose implicitement que le récif forme barrage et que le déversement des lames par-dessus la crête se fait comme il a été dit dans le paragraphe 2. Mais si le niveau de l'eau dans la rade était supérieur à la crête du récif, la moindre dénivellation de la rade à l'Océan donnerait lieu à un contre-déversement et produirait un courant portant au large d'un débit tel que la différence de niveau ne pourrait se maintenir. Il me semble donc qu'il faut absolument abandonner l'idée que, lorsqu'il y avait 1 m. 60 d'épaisseur d'eau sur le récif, il pouvait subsister une différence quelconque entre le niveau de la rade et celui de l'Océan.

Cependant plusieurs personnes ont parlé d'une sorte de gonflement que la mer aurait subi, sur le rivage seulement, pendant le raz de marée de 1906 et qui aurait été dû à l'existence de la barrière des récifs. On essayait d'expliquer ainsi la hauteur exceptionnelle du niveau de la rade de Papeete; nous venons de voir combien cette explication est peu vraisemblable. Cette opinion, qui me semble a priori si improbable, reposait en apparence sur un fait d'observation. On disait que, pendant ce raz de marée de 1906, la mer s'était élevée beaucoup plus haut sur le rivage aux endroits où la côte est bordée d'une barrière de corail que dans les endroits où cette barrière s'efface. J'ai cherché à vérifier le fait; et, pour cela, je me suis fait indiquer les endroits où le récif s'efface; on m'en a montré deux : la baie de Matavaï et la vaste baie qui se trouve à l'est de la pointe Vénus. A l'ouest de la baie de Matavaï se trouve une pointe dénommée sur la carte 3,500 pointe de Outahaihaï (on y a bâti le tombeau du dernier roi de Tahiti), la mer a baigné les terrains qui l'environnent et l'on a pu me montrer sur la route le point où venaient mourir les eaux, qui étaient calmes en ce point. Un nivellement a donné 2,05. On peut voir que, en examinant la carte dans cet endroit, l'influence du récif devait être à peu près négligeable. Un peu plus loin sur la baie se trouve une propriété appartenant à M. Malardé, qui a bien voulu nous décrire les faits dont il a été témoin. D'après les indications données sur place, les lames ont atteint la cote de 3 mètres environ; cette observation ne permet pas de fixer le niveau de la mer, on peut seulement noter qu'elle ne contredit pas la précédente.

Dans la baie située à l'Est de la Pointe Vénus, le récif est tellement effacé qu'il n'existe pour ainsi dire plus. M. Dellessolle, président de la chambre d'agriculture, nous a montré le point où l'eau venait mourir devant sa salle à manger, avec seulement un léger batillage, ce qui permet de fixer le niveau avec précision. On a constaté que le niveau a encore été à 2,05.

*Cause réelle du raz de marée.* — Il n'existe donc aucune raison de croire à un gonflement spécial dû à la barrière de récifs, et il ne reste qu'une marée exceptionnelle de 2,00 environ, déterminée sans aucun doute par la présence d'un cyclone. M. Marcadé, ancien enseigne de vaisseau, administrateur des îles Tuamotu, qui a fait des questions météorologiques une étude spéciale, m'a avoir rassemblé des renseignements sur ce cyclone, qui a ravagé les Tuamotu, et dont il a pu tracer la route. D'après lui, le raz de marée de Papeete s'y rattache sans discussion possible. J'avais d'abord éprouvé à ce sujet quelques doutes, mais M. Marcadé les a levés. Je n'avais d'ailleurs jamais eu l'idée de rapporter le raz de marée à autre chose qu'à un cyclone, mais je pensais que ce pouvait en être un autre, à peu près simultané, quoique dans une position différente. Ce point précis n'étant pas important pour la discussion actuelle, je n'en parlerai pas davantage.

M. Marcadé m'a dit lui même observé d'importantes variations du niveau de la mer sous l'influence des fortes perturbations atmosphériques.

Ces variations n'ont rien de surprenant après tout et il est bien concevable qu'un cyclone puisse causer à la surface de l'Océan une ondulation très longue et d'une amplitude supérieure à deux mètres. Entre les bords du cyclone et le centre il n'est pas très extraordi-

naire d'avoir une différence de pression barométrique de 50 millimètres de mercure. Il est donc probable que, si le cyclone était stationnaire, le niveau de la mer au centre dépasserait celui des bords de 67 centimètres environ. Mais le cyclone étant en mouvement cette sorte d'intumescence doit produire un mouvement d'oscillation dont l'amplitude peut être sensiblement plus forte.

L'explication du phénomène est certes loin d'être complète ; mais les faits sont, je crois, bien établis.

*Effets à Papeete du raz de marée des 7 et 8 février 1906.* — Les effets ont commencé dans la nuit et c'est vers sept ou huit heures du matin que s'est produit le commencement du retrait des eaux. Il ne me semble pas possible de fixer l'heure du maximum, mais il est certain que le niveau était encore très élevé vers sept heures, moment où la marée est basse d'ordinaire.

Tout le monde s'accorde à reconnaître que le vent était de faible intensité pendant tout le temps que la mer a été haute. La houle n'était pas non plus très forte. Les quelques faits précis que j'ai pu rassembler semblent se rapporter à une houle très longue d'amplitude modérée. Sur la direction de la houle aucun doute ne subsiste : elle venait du Nord.

On peut assez bien se représenter la situation de la ville. Le récif du large avait 1 m. 60 d'eau, les récifs intérieurs qui sont à peu près à zéro étaient couverts de 2 mètres et les quais qui bordent le rivage avaient 1 mètre d'eau par dessus.

A Motu Uta, l'îlot avait disparu sous l'eau; les bâtiments du lazaret ont été détruits et le gardien noyé ; un vieux mur de batterie qui se trouvait au nord de l'îlot fut affouillé par le pied, renversé et dépecé par la mer.

A Fare-Ute une maison fut également affouillée et ruinée. Quelques personnes se trouvant en danger dans une autre maison de la pointe de Fare-Ute, le pilote M. Adams se porta à leur secours. Il m'a décrit le mouvement de l'eau en un point situé entre l'ancien arsenal de la marine et Fare-Ute. C'est exactement celui de l'eau sur une plage très douce : un violent courant alternatif couvrant le sol d'une lame d'eau épaisse puis le découvrant presque complètement. D'après sa description, l'amplitude verticale pouvait être de 1 mètre à 1 m. 50.

Les navires mouillés en rade ne souffrirent pas, ce qui confirme que la houle n'était pas forte.

Au moment même où la mer commença à descendre, le vent, qui avait été jusque là peu sensible, commença à souffler et bientôt on fut en plein coup de vent du Sud. Des toitures furent emportées. Mais le vent du Sud n'est jamais dangereux en rade de Papeete. L'impression de ceux qui assistèrent à cette tempête que le vent du Sud fit baisser la mer; je ne sais ce qu'il faut penser de cette opinion.

On ne peut guère rattacher ces faits qu'à un cyclone d'abord éloigné et situé dans le Nord de Tahiti, puis se rapprochant mais en se tenant à l'Est de l'île. Cette interprétation est confirmée par les recherches de M. Marcadé, dont j'ai parlé ci-dessus.

D'après tout ce que l'on connaît de la marche des cyclones, celui ci aurait aussi bien pu passer beaucoup plus près de Tahiti ou même exactement sur l'île. Dans ce cas le mal eût été singulièrement plus grave. Si l'élévation du niveau de la mer a suffi pour diminuer considérablement l'abri offert par les récifs, et si de ce fait la houle en somme assez ordinaire qui s'est produite en 1906 a été dangereuse, que se serait-il produit en cas d'une mer de cyclone?

Bien loin de considérer le raz de marée de 1906 comme un évènement trop rare pour qu'on soit obligé d'en tenir compte, je le regarde comme une leçon de choses dont on doit tirer profit pour connaître les dangers auxquels on est exposé, et contre lesquels il est indispensable de se défendre.

Une opinion contraire a été émise, savoir qu'il est inutile de se préoccuper des effets possibles d'un raz de marée comme celui de 1906 coïncidant avec une forte houle du Nord, les raz de marée de ce genre étant extrêmement rares, puisqu'on n'en connaît aucun autre exemple.

Je ne répéterai pas ici ce que j'ai déjà dit à propos des lois des mouvements des cyclones tant en parlant du port de Fort-de-France que dans les premières lignes du chapitre consacré au port de Papeete. Je me borne à y renvoyer. On peut en tirer d'autres conclusions que les miennes ; mais je persiste à croire que, dans les régions tropicales, il est toujours imprudent de construire un port sans examiner ce qui se produirait en cas de cyclone et sans se mettre à l'abri du danger.

Si j'ai clairement exprimé ma pensée on comprendra que, selon moi, on ne peut pas, dans ces circonstances, s'en rapporter à des observations purement locales. Les observations faites à Tahiti même doivent être complétées par celles que l'on a fait autre part, et l'on ne peut pas dire que, lors du prochain cyclone, les choses se passeront comme elles se sont passées la dernière fois ; on est forcé d'envisager ce qui peut arriver dans les diverses positions que peut prendre le centre du cyclone, et qui toutes sont également probables. Parce qu'on sait ou plutôt qu'on croit savoir que le raz de marée de 1906 n'a pas de précédent dans les quelques dizaines d'années que l'on croit connaître, on n'est donc pas en droit de dire que le retour en est nécessairement très lointain ou même très improbable. La survenance d'un cyclone est un fait toujours accidentel, assimilable à un coup de dés. Construire un port en ne tenant pas compte des effets que peut produire un cyclone est donc tout à fait comparable à un jeu de hasard : on peut gagner, mais on peut perdre, et je ne saurais conseiller d'en faire l'essai.

Il est d'ailleurs essentiel de faire remarquer que si, comme il semble certain, le raz de marée extraordinaire de 1906 a été causé par un cyclone, on est forcé d'envisager comme assez probable la coïncidence d'un raz de marée semblable, s'il vient à se produire, avec une très forte houle. En d'autres termes, il ne faut pas dire que le raz de marée et la forte houle sont deux faits peu probables chacun de son côté et dont la coïncidence sort presque des limites du possible. Ce serait mal raisonner, puisque les deux peuvent dépendre d'une même cause.

On ne pourrait donc selon moi se dispenser d'établir des ouvrages de protection au port de Papeete que s'il était bien établi que ce port offre assez de sécurité tel qu'il est, même en admettant le passage d'un cyclone qui relève considérablement le niveau de la mer, peut-être de 1 m. 50 ou 2 mètres, et produit en même temps une forte houle du nord ou du nord-ouest.

Dès que l'on admet avec moi que le problème se pose ainsi, il me semble que la réponse n'est guère douteuse. Le récif extérieur de Papeete est tout à fait comparable à une digue artificielle limitant le port vers le large et bordée immédiatement par une mer sans fond. A quelques centaines de mètres de la crête du récif la sonde n'atteint plus le fond, à trois cents mètres tout au plus elle accuse deux cents mètres. Le récif n'est donc qu'une barrière tranchante bien différente des bancs étendus que j'ai eu à examiner quelquefois au cours de cette étude. La lame atteindra le récif avec sa puissance entière. Sans doute, elle ne peut franchir l'arête même noyée sous 1 m. 50 d'eau, sans déferler et perdre de sa force, cela est bien certain, mais cela ne suffit pas ; il me semble sûr que, malgré cet obstacle, la lame passera en grand et produira dans le port une agitation singulièrement dangereuse. Avec une mer de cyclone, on doit compter qu'au large de Papeete la lame aura pour le moins 6 mètres de crête en creux. Quelle masse d'eau pourra-t-elle projeter dans le port par-dessus un récif noyé de 1 m. 50? Je ne crois pas pour ma part que les navires soient en sécurité dans de pareilles conditions. Si le récif n'existait pas, et s'il était question de construire une digue pour former le port, je ne crois pas qu'un ingénieur eût proposé d'araser le couronnement de la digue à la hauteur actuelle de la crête du récif. Cela étant, je considère le récif comme formant la partie basse d'une digue dont il reste à faire le couronnement.

On nous a montré à Makatéa un endroit où la lame du cyclone de 1906 avait atteint la cote 10 environ sur la plage. Je ne m'exagère pas la portée de cette observation isolée, parce que des circonstances locales peuvent avoir renforcé en ce point particulier la force du flot. Mais à Matahiva nous avons vu encore parfaitement nettes les traces de ce même cyclone, et constaté que la lame avait déversé par dessus une plage dont le relief atteint 4,20 au moins. Sur le revers de cette plage, qui descend en pente douce vers le lagon, le courant a été assez violent pour déraciner les cocotiers. On ne peut évidemment pas analyser à fond les phénomènes qui se sont produits à Matahiva ;

mais il me semble difficile que, avec une lame semblable, le port de Papeete eût été en sûreté. Or, ce qui s'est passé à Matahiva peut se produire à Papeete : le même cyclone, s'il avait eu une route un peu différente aurait passé assez près de Tahiti pour y donner les mêmes lames qui ont franchi la crête de la plage de Matahiva. En se reportant à ce que j'ai dit à propos de Fort de France sur la marche des cyclones, on verra qu'un léger déplacement de la parabole aurait suffi. Or, personne n'a encore réussi à tracer pour les paraboles de cyclone une position plus probable qu'une autre.

J'ai demandé à M. Raoulx, président de la chambre de commerce, ancien navigateur, parfaitement au courant des choses de la mer, ce qu'il pensait qui serait arrivé en 1906, si la houle du Nord avait été forte au moment du raz de marée dont il avait été témoin. Il m'a répondu que la ville de Papeete aurait été détruite de fond en comble ; et cela, je crois hors de doute.

Il n'est évidemment pas dans le programme des travaux de cette mission d'examiner les mesures qu'il conviendrait de prendre pour mettre la ville elle-même à l'abri des accidents possibles par l'effet d'un cyclone. C'est cependant un point trop important pour que je n'en dise pas un mot. Lors donc que j'aurai étudié les dispositions à prendre pour protéger le port, je reviendrai sur la protection de la ville même et le montrerai, ainsi qu'il est facile de le comprendre d'avance, que ces dispositions produiront déjà une atténuation très sensible du danger ; c'est tout ce que l'on peut espérer.

Je considérerai d'abord le tracé général des ouvrages de protection, j'aurai ensuite à examiner des objections faites contre l'établissement de ces ouvrages, et tout de suite après j'indiquerai à quels profils je me suis arrêté pour la rédaction de l'avant-projet.

La partie du port la plus exposée aux lames venant du nord sera toujours, bien entendu, l'avant-port, en face de la passe. Un peu plus à l'est, on sera abrité par le récif extérieur de Motu Uta et ceux qui l'entourent. Bien que noyés, tous ces obstacles atténueront certainement la violence de la mer, et il en sera de même tout à fait à l'est où le récif de Faro Ute apportera certainement une protection, insuffisante sans doute, mais réelle. La partie du port proprement dit qui se trouvera la plus exposée sera donc celle que nous avons considérée avec tout le monde comme la meilleure en temps ordinaire et la plus immédiatement utilisable. C'est pourquoi le premier et le plus nécessaire ouvrage est une digue sur le récif du large. Ensuite, viennent deux digues, qui n'ont pas besoin d'être à beaucoup près aussi fortes, sur les récifs de Motu Uta et de Faro Ute. On pourrait songer à en construire encore une sur le récif de l'ouest mais l'utilité en est moins certaine, et je n'en parle que pour mémoire.

*Objections à l'établissement des digues.* — Les digues de Motu Uta et de Faro Ute n'ont d'autre défaut que de coûter de l'argent. Mais la digue du large paraît à première vue pouvoir influer fâcheusement sur le régime des courants. On craint, avec apparence de raison, qu'elle ne diminue sensiblement le déversement des lames par-dessus le récif et que par là la vitesse du courant de sortie ne diminue d'une manière importante. C'est ce qu'il faut éviter car nous savons que ce courant, malgré ses inconvénients, est nécessaire pour la conservation de la passe (voir ch. 2, § 2). On remarquera d'abord que la digue doit avoir environ 600 mètres de longueur. Or le récif extérieur a, de la passe de Taapuna à celle de Tanoa, environ 14 kilomètres de long : 10 à l'ouest de Papeete, 4 à l'est. De chaque côté les eaux se partagent entre les deux passes adjacentes de manière qu'en fait la longueur de récif qui verse ses eaux dans la passe de Papeete est 7,000 mètres environ. Mais il est clair que toute cette longueur ne fonctionne pas à la fois, et l'on fera bien de ne compter que 5,000.

Cela nous permet d'apprécier la réduction de débit que notre digue occasionnerait, si elle était disposée de manière à arrêter le déversement sur 600 mètres. Il ne faut pas oublier que d'autre part nous sommes obligés d'augmenter assez sensiblement la section d'écoulement. Si on tient compte de ces deux causes de ralentissement du courant, un calcul simple montre que la réduction de vitesse serait dans la proportion de 100 à 79. La vitesse moyenne trouvée par M. Vohnat est de 0,325 environ, elle

tomberait à 0,26. Il serait imprudent de tenter cette expérience.

Mais il est bien facile de disposer la digue de manière qu'elle n'entrave en rien le déversement ; il suffit, au lieu de la placer juste en crête, de l'implanter un peu en arrière de manière à laisser une partie basse entre la crête du récif et le pied de la digue. Un coup d'œil sur les profils du récif pris exactement à la place où l'on projette la digue montre que cela est facile. Il suffira de placer l'ouvrage de manière que le pied du talus de la digue tombe à environ 35 mètres de la crête. Le déversement se fera alors de la même manière qu'à présent et cela n'aura pour l'efficacité de la protection aucun inconvénient.

Il ne sera pas inutile de dire quelques mots d'une tentative intéressante, quoique malheureuse, qui fut faite à la Réunion vers 1835 pour construire des digues sur un récif de corail. Ceux qui auraient entendu parler de cette tentative pourraient en concevoir une opinion défavorable pour tout projet de construction de digue sur un récif de même nature ; et il importe de montrer que les circonstances sont différentes. D'autre part on verra, par ma courte description, que le danger d'obstruction d'une passe dans le récif de corail, quand on arrête le courant qui la traverse, est parfaitement réel, et que par conséquent il faut s'en préoccuper.

La côte sous le vent de la Réunion est bordée d'un récif en frange, c'est-à-dire attenant au rivage. On n'y trouve donc pas en général de chenal profond. Il n'en est pas moins vrai cependant que la crête du récif vers l'extérieur est en général un peu plus élevée que le banc de corail qui s'étend en arrière et vient à toucher le rivage ; il en résulte un phénomène de déversement en tout pareil à celui que j'ai décrit pour Papeete, il en résulte aussi la formation d'un courant longeant le littoral et se rendant aux passes absolument comme en Océanie, sauf l'échelle. Or on trouve en face de la rivière de Saint-Gilles une passe comparativement profonde que l'on avait songé vers 1835 à utiliser comme entrée de port. Je n'essayerai pas, bien entendu, d'expliquer en quoi consistait le port projeté, son entrée m'occupera seule. De plus je suis obligé, n'ayant pas de documents sous la main, de m'en rapporter à ma mémoire et ne puis par conséquent pas indiquer les dimensions ; cependant, comme j'ai vu les ouvrages ou plutôt ce qui en restait en 1885-90, je peux donner des faits positifs.

Une chose essentielle à noter c'est que le fond de la passe est en sable, mêlé autant qu'il me souvienne de sable de corail provenant du récif et de sable basaltique provenant de la rivière. Il est utile de dire aussi que la rivière ne coule que seulement en temps de pluie, dans la saison sèche elle n'a pas de débit ou un débit insignifiant. La passe du récif est juste en face de l'embouchure de la rivière.

On voit qu'elle n'est pas sans analogie avec celle de Papeete ; et, d'après ce que nous savons, nous pouvons affirmer dès le premier examen que la passe est entretenue par le courant dû au déversement. C'est ce qui ne fut pas compris à la Réunion. On s'imagina que la passe était entretenue par le courant de la rivière ; et on en conclut que, pour augmenter la profondeur de cette passe, il suffirait de concentrer le courant, en l'empêchant de se diffuser dans les chenaux littoraux et à la surface du récif. Partant de cette idée, on construisit deux jetées, destinées à opérer cette concentration. L'effet ne se fit pas attendre, mais il fut tout à fait contraire à ce qu'on supposait. Le courant littoral des chenaux fut arrêté complètement et par conséquent aussi celui de la passe, qui fut presque immédiatement comblée par les sables amenés par la lame et provenant de la plage sous-marine située au large et aussi certainement des plages du récif. En même temps les sables s'accumulaient dans les angles rentrants. Surpris de ce résultat, le gouvernement local fit venir de France un ingénieur des ponts et chaussées, Siau, qui éclaircit la question, fit arrêter les travaux et abandonner le projet. Mais les digues furent recoupées à leur racine et la passe se reforma sous l'action du courant.

Si bref et imparfait que soit cet historique, il suffit pour montrer ce que j'ai dit : 1° qu'il ne faut pas construire sur les récifs de corail sans examiner avec soin quelles perturbations les constructions nouvelles peuvent produire ; 2° que l'exemple de la Réunion ne peut pas nous être opposé parce que les circonstances naturelles présentent bien une certaine analogie, mais les ouvrages projetés sont tout différents et ne risquent en aucun cas de produire des effets aussi fâcheux.

*Profil des digues.* — Digue du large. — Il serait évidemment chimérique de songer à faire une digue qui ne permettrait en aucun cas à la lame de passer par-dessus, mais on peut se proposer de réduire ce passage de la lame à un simple déversement ne pouvant pas causer une importante agitation dans le port. On peut pour cela s'inspirer de ce qui s'est passé à Mataiva. J'ai dit que la lame a franchi la crête de la plage qui est à 4 m. 20 ou 4 m. 50 au dessus du niveau de mer basse, grossièrement déterminé par nous. Elle a produit un déversement qui paraît avoir été assez puissant, mais qui me semble admissible. Il est certainement difficile en pareille matière d'être très affirmatif, mais il semble qu'un profil de cette hauteur mettrait le port de Papeete en sécurité. J'ai donc admis pour le couronnement de la digue la cote 4,50. Étant donné que l'ouvrage reposera sur un rocher solide sous très faible profondeur d'eau, je propose d'opposer à la lame un mur de béton ayant 1 m. 50 d'épaisseur horizontale et incliné à 2 de base pour 3 de hauteur. Ce mur constituerait un revêtement extérieur; il importe qu'il puisse recevoir le choc de la lame et même des débris de corail, qui sont d'ailleurs toujours de petite dimension. Le mur de revêtement serait appuyé en arrière à un massif de remblai en moellons et débris de carrière destiné simplement à faire masse. Le talus intérieur, que je suppose incliné à 3 de base pour 2 de hauteur, doit pouvoir supporter le déversement. A cet effet, on pourra le former de blocs naturels assez gros et arrimés convenablement. Mais, pour éviter toute difficulté, j'ai supposé le talus intérieur revêtu d'une couche de béton de 50 centimètres. Ce profil est donné dans l'avant-projet.

On trouvera également dans l'avant-projet un profil du récif extérieur pris à l'endroit même où je propose la construction de la digue; et j'y ai indiqué le point où doit se placer le pied du talus extérieur de l'ouvrage, afin de ménager le déversement par-dessus la crête du récif en temps ordinaire. On remarquera que la disposition proposée ne conduit pas à placer la digue en eau profonde et que la dépense de construction en sera à peine augmentée par rapport à une construction exactement en crête. Quand on a vu le récif, il me semble qu'on ne peut guère conserver de doute sur la possibilité du maintien du déversement après la construction de la digue, pourvu qu'elle soit ainsi placée; mais je conçois qu'on puisse ne pas partager mon avis. En admettant que je me trompe, le pis qui puisse arriver, c'est que le déversement soit arrêté sur toute la longueur de la digue, soit 600 mètres. J'ai montré qu'il n'y aurait pas à cela un très grave danger. Il est cependant prudent de faire ce qu'on peut pour altérer le moins possible le régime actuel.

Digue de Motu Uta. — J'ai adopté un profil semblable, mais avec un couronnement à la cote 3 seulement, la lame qui parviendra sur le récif de Motu Uta devant être déjà affaiblie.

Digue de Fare Ute. — Cette digue n'aura jamais à recevoir que des lames très affaiblies si elles prennent la digue en travers; en effet elles auront balayé le récif de Fare Ute sur une grande longueur; la lame du Nord Ouest prendrait la digue presque en long et il suffira que l'extrémité soit construite un peu plus solidement; j'ai donc projeté un simple cordon d'enrochements s'élevant à la cote 3,00.

Les profils de ces digues sont donnés à l'avant projet. Le plan schématique des ouvrages en fait connaître la direction approximative; le tracé exact ne peut être fixé qu'aux études définitives.

*Effet des digues pour la protection de la ville.* — A présent que le tracé d'ensemble des ouvrages est donné, on peut se rendre compte de la protection qu'ils offriront à la ville de Papeete. Il faut d'abord se rappeler que toute la partie de la ville qui longe la rade est environ à la cote 1 m. à 1 m. 50. C'est là que se trouvent presque toutes les maisons de commerce, tous les magasins et une bonne partie des maisons d'habitation. Tout ce quartier, qui est presque toute la ville, serait sous l'eau en cas de raz de marée semblable à celui de 1906; et cela, on ne peut l'empêcher. Mais on voudrait du moins que la lame d'un cyclone ne puisse ajouter ses effets destructeurs à ceux de l'inondation. Or, en examinant le plan schématique des ouvrages on verra que, si la ville entière n'est pas protégée, il y en a du moins une bonne partie, à peu près jusqu'à la pointe de la marine, et c'est toujours autant de fait. On verra dans le paragraphe suivant que la considération du raz de marée m'a conduit à placer les quais notablement en contre-haut de la ville, ce qui est une disposition singulière, mais inévitable, et qui ne pourrait d'ailleurs qu'ajouter à la protection contre les lames.

*Conservation des profondeurs dans le port de Papeete.* — C'est un fait certain que les profondeurs se conservent parfaitement dans le port de Papeete. M. Volmat a comparé ses sondages à ceux de la carte de 1869 et trouvé une concordance satisfaisante. Cependant la partie du port que nous voulons utiliser n'est parcourue par aucun courant sensible. Ce que j'ai appelé le port proprement dit et l'arrière-port ne sont, en effet, traversés que par un courant extrêmement faible portant de l'Ouest à l'Est, et, dans l'arrière-port, vers le Nord. Si donc le fond ne s'exhausse qu'avec une extrême lenteur, c'est qu'il n'y vient pas d'apports. La terre voisine fournit évidemment très peu de sédiment, car on n'y trouve pas de cours d'eau important. Quant à la mer, elle ne peut fournir que les débris du corail. Ceux du récif extérieur sont repris le long du talus intérieur de ce récif et balayés par le courant, ce qui serait fâcheux; ceux qui proviennent des récifs intérieurs détachés, comme celui de Motu Uta, tombent le long des berges où ils forment un talus qui s'accroît lentement. Enfin ceux du récif de Fare Ute sont promenés le long de la plage située à l'est de Papeete et, sous l'influence de la lame de l'alizé, dont la direction est Est Ouest, viennent tomber dans l'arrière-port. Ce sont eux qui ensablent la cale de halage. J'en reparlerai dans le paragraphe consacré aux engins de réparation et de radoub. Je me borne à dire ici que la digue de Fare Ute arrêterait ce mouvement et permettrait de commencer la conquête du récif, qui peut devenir intéressante plus tard, pour créer de nouveaux terre pleins.

§5. — *Ouvrages d'amarrage et d'accostage.*

On a déjà vu ci-dessus que l'appontement actuellement existant suffit à peine aux besoins du commerce de la colonie. Si donc nous prévoyons une fréquentation beaucoup plus grande, il faut de toute nécessité faire plus et mieux. Améliorer l'appontement existant serait possible et utile : mais, pendant les travaux, il serait à peu près inutilisable, et ce serait fâcheux tant qu'on n'a rien à lui substituer. D'autre part, c'est un appontement en bois, d'entretien onéreux et difficile, et dans l'avenir on ne se contentera pas de pareils ouvrages.

Un premier point important, c'est que les navires qui ne viennent que pour faire du charbon n'ont pas besoin de quais. On peut même dire qu'ils sont mieux en rade que le long d'un quai, parce qu'ils ont les deux bords libres et peuvent charbonner des deux côtés. A la Havane, par exemple, le charbon se fait de cette manière et l'on s'en trouve bien. J'ai donc prévu deux postes d'amarrage en dehors des quais. Le plan schématique des installations du port montre ces deux postes occupés par des navires de 250 mètres. On voit du premier coup qu'on ne peut leur permettre d'éviter au vent, ils troubleraient trop le service du port. On sera donc obligé de les immobiliser dans une position déterminée et commode, et je ne peux pas pour cette partie du travail donner une solution tout à fait ferme; je vais toutefois donner quelques indications à ce sujet et à tout le moins fixer exactement l'énoncé du problème.

D'abord, si on suppose les deux navires dans la position dessinée sur le plan schématique, position qui semble au premier coup d'œil la plus commode, on verra qu'il ne serait guère possible que d'ancrer les navires par les deux bouts. Or, dans cette situation, un coup de vent de Nord les ferait inévitablement chasser. Il faut donc chercher autre chose, et je ne vois guère de possible que des ouvrages d'accostage incomplets (j'entends par là des appontements de longueur très réduite fournissant seulement un point d'appui) placés le long des récifs de Motu Uta et voisins. On remarquera que ces récifs sont extrêmement accores, mais que cependant la profondeur au pied de leur talus est moindre qu'en plein port. On sait aussi par expérience qu'on peut enfoncer un pieu dans la masse de ces récifs, qui sont beaucoup moins durs que le récif du large.

Je crois donc possible d'accoler à ces récifs des sortes d'appontements très courts, non reliés à la rive, et devant seulement servir de point d'appui aux navires tout en permettant la circulation des chalands charbonniers. Ce serait quelque chose d'analogue à ce qu'on appelle des ducs d'Albe. En se rapprochant des récifs, on trouvera des fonds d'une douzaine de mètres où l'on pourrait sans doute installer des ouvrages, après avoir au besoin assaini le fond par un dragage. De toute manière, il semble nécessaire de prendre appui sur les récifs et il me paraît certain que ce sera possible, mais la question aurait besoin de se reprendre sur place aux études définitives. Je me contente donc de dire qu'il conviendra d'organiser deux postes d'amarrage pour navires non accostés.

Les quais ne peuvent se placer que dans la partie du rivage marquée au plan schématique de l'avant-projet. La configuration de ce rivage paraît malheureusement s'opposer à la constitution d'un ouvrage en ligne droite sur une très grande longueur. Si, en effet, on trace une ligne droite et qu'on la prolonge aussi loin que possible, on trouve une belle longueur de 600 mètres; mais le quai ainsi tracé tomberait dans des fonds de 16 à 18 mètres et exigerait des fondations très profondes. On ne peut à présent répondre que cette solution est admissible. Il se peut qu'aux études définitives, on reconnaisse la possibilité d'établir un quai en ligne droite suivant cette direction. On devrait faire des forages et acquérir une certitude à ce sujet; car, si cette solution est possible, il est hautement désirable de la réaliser. Mais à présent je ne puis la proposer, elle est trop incertaine.

Je m'arrête donc à la proposition de prévoir trois quais :

| | |
|---|---|
| AB...................... | 250 mètres. |
| BC...................... | 350 — |
| CD...................... | 250 — |

avec possibilité d'un quatrième non dessiné E.

Je dis que je les prévois en cas de succès du port; mais en fait mes propositions seront réduites pour les nécessités immédiates, ainsi qu'on va le voir.

Dans l'organisation future, AB serait réservé au parc à charbon; BC serait le quai des très grands navires, utilisé d'ailleurs selon les besoins; CD serait le quai des navires de 10 mètres de tirant d'eau et au-dessous.

On voit que, dans son état définitif, le port comprendrait deux postes d'amarrage et la place à quai pour deux très grands navires ou trois moins grands. On pourrait encore ajouter une place en E comme je l'ai dit, et cela semble donner à peu près tout ce qu'on peut demander pour un temps très long, bien au delà des prévisions possibles.

Pour le moment, le plus pressé est de faire au moins une place nouvelle à quai et d'avoir un terre-plein suffisant pour le charbon. J'y pourvois en proposant la construction immédiate du quai de 350 mètres BC, dont 250 mètres seraient réservés au commerce et 100 mètres au parc à charbon. Je ne propose pas d'installer tout de suite le dépôt de charbon à sa place définitive, parce que, en cas d'insuccès, les ouvrages construits spécialement en AB seraient d'une utilisation difficile, tandis que le quai BC servira toujours.

J'ai tracé le quai BC sur un plan au 1/500 fourni par le service des ponts et chaussées où figurent des sondes anciennes de quelques années et d'autres toutes récentes. Cela me permet de présenter avec quelque exactitude deux profils en travers qui donnent une idée des dispositions que l'on peut adopter. On voit qu'on est amené à conquérir sur des parties du port assez peu profondes une vaste étendue de terrain dont une partie seulement sera utilisée pour des terre pleins et magasins. Le reste sera consacré aux bâtiments d'utilité publique dont le gouvernement projette la construction (douanes, port, etc.) et pourra en partie être concédé à des particuliers.

L'arête des quais et le plan du terre-plein sont placés à 2,50 au-dessus du zéro (basses mers ordinaires), afin qu'un raz de marée comme celui de 1906 ne les recouvre pas. Cette cote n'est admissible que parce que je suppose les jetées construites, sinon en cas de raz de marée avec houle du Nord le terre-plein serait balayé par la lame.

Comme le quartier du bas de la ville est à la cote 1,00 seulement, les quais seront donc en contre-haut, et les terre-pleins également. Ces derniers seront donc forcément à un niveau sensiblement plus élevé que le boulevard qui longe le rivage et qui est à la cote 1,00 seulement. En conséquence, j'ai dû supposer que l'on couperait le terre-plein par des rampes d'accès à 0,05 de pente pour permettre d'atteindre l'arête du quai en venant du boulevard.

J'ai placé le magasin aussi près que possible de l'arête du quai, de manière que les marchandises débarquées soient à l'abri tout de suite. On les reprendra par voie charretière de l'autre côté. On aura ainsi une disposition analogue à celle des gares de marchandises. Le climat de Tahiti est très pluvieux, avec des averses d'une violence qu'on ne connaît pas en France. Il ne faut pas laisser les marchandises à découvert, mais une partie du magasin peut très bien être un simple hangar, non fermé.

*Profondeur et mode de fondation des quais.* — Pour les raisons indiquées ci-dessus, je ne propose immédiatement que la construction du quai BC. Or il se trouve que par sa longueur cette partie des ouvrages est nécessairement destinée à devenir plus tard le quai des très grands navires : on est donc obligé de lui donner une profondeur suffisante pour que le navire maximum de Panama puisse l'accoster. On arriverait ainsi à 12,50 environ. J'ai cru préférable dans l'avant projet de compter sur 13 mètres, pour garder un peu de jeu.

Sur la nature du sol des fondations, nous possédons quelques renseignements donnés par les forages de M. Volmat. Il résulte de ce travail qu'on trouve d'abord une couche de vase d'épaisseur variable (cette vase est en grande partie calcaire et d'origine corallienne) puis des sables et des terrains de plus en plus durs à mesure qu'on s'enfonce ; on ne paraît pas avoir atteint le rocher. Il est clair qu'il faudra pour les études définitives faire des forages plus précis. Mais dès à présent on est en mesure de dire avec peu de chances d'erreur qu'on trouvera du terrain solide à des profondeurs variables, mais ne dépassant guère 15 mètres.

J'ai admis qu'on fonderait à l'air comprimé deux séries de piles : les unes formant parement du quai et les autres formant une seconde rangée de supports placés en arrière. On établirait sur ces piles un plancher de béton armé capable de porter environ 3,500 kilogs de surcharge par mètre carré ; j'ai fait un calcul sommaire de ce plancher, mais je juge inutile de le reproduire et je me borne à donner dans l'avant projet les dimensions auxquelles le calcul m'a conduit et qui servent à l'avant-métré. Les fondations de la seconde rangée de piles seront en général moins profondes que celles de la première. J'ai admis pour l'avant-métré des profondeurs moyennes de 10 mètres et de 15 mètres.

Le terre-plein sera soutenu par un massif d'enrochements surmonté d'un mur fondé à 0,30 au-dessus des basses mers.

§ 6. — *Parc à charbon.*

La société d'études, qui a bien voulu me communiquer une grande partie du travail des ingénieurs envoyés par elle, a fait examiner cette question avec une attention particulière. Après examen, j'adopte ses conclusions sur ce point ; et, pour justifier les propositions sur l'organisation définitive du parc, je ne puis mieux faire que me référer au rapport de M. l'ingénieur en chef de Larminat, qui donne tous les détails nécessaires. Je me bornerai donc ici à un rapide résumé.

Ainsi que je l'ai dit dans le paragraphe précédent, le meilleur emplacement pour le parc à charbon définitif est en AB, où il sera à portée des navires et point à l'embarras.

M. de Larminat admet comme moi une fourniture annuelle d'environ 100,000 tonnes et conclut à la constitution d'un stock de 20,000 pouvant au besoin être porté à 240,000. Dans ces conditions, il demande un emplacement de 200 mètres de longueur et de 40 mètres de largeur.

Il propose de constituer le terre-plein en soutenant le remblai par un massif d'enrochements arasé à la cote plus 0,50 environ et couronné par un mur en maçonnerie de 1 m. 50 de hauteur. En avant du massif d'enrochements et s'avançant jusque par les fonds naturels ou dragués de 8 à 10 mètres, serait construit un appontement d'une douzaine de mètres de largeur le long duquel accosteraient les charbonniers.

Il a ensuite étudié une variante intéressante pour la construction des appontements, qui seraient interrompus et ne constitueraient plus que de simples passerelles.

Comme outillage, M. de Larminat prévoit deux ponts roulants et deux chalands charbonniers des chantiers Smulders ou de la maison Clarke, de Liverpool.

On le voit, il s'agit ici de livrer du charbon le long du bord au moyen d'un appareil flottant. Si le navire qui prend le charbon n'est pas à quai, il peut avoir un appareil de chaque côté et faire son charbon deux fois plus vite, pourvu toutefois que l'arrimage en soutes puisse suivre, ce qui se réalisera probablement dans les plus grands navires de l'avenir ; mais c'est loin d'être réalisé à présent pour tous les navires.

Pour le moment, je propose un dépôt beaucoup plus restreint, établi, comme je l'ai dit ci-dessus, sur le quai BC, dont la construction est d'ailleurs nécessaire. On disposerait de 100 mètres de front, ce qui suffit pour commencer.

Cependant le commerce du charbon est avant tout affaire d'initiative privée ; et, si des entrepreneurs hardis prennent sur eux de lancer un dépôt de charbon sur une vaste échelle avant que l'ouverture du canal ait donné tous ses résultats, ce ne serait certes pas à l'Etat de les décourager, mais il conviendrait alors d'examiner leurs propositions et le résultat pourrait dépendre de l'aide financière qu'il leur accorderait.

*Différentes manières d'exploiter le dépôt de charbon. Demande de concession formée par la société d'études.* — Le dépôt de charbon ne peut être géré que par des commerçants ou des sociétés privées. La vente du charbon aux navires est en effet un commerce difficile et très spécial, qui se prête mal ou plutôt ne se prête nullement à la rigidité nécessaire dans les affaires administrées par l'Etat. Quelle que soit la combinaison adoptée, on doit donc poser en principe que le ou les gérants du parc seront des commerçants ou des sociétés privées jouissant d'une grande liberté d'action, non seulement en ce qui concerne les achats et les ventes, mais encore en ce qui concerne l'organisation même du parc.

Cependant la ligne de conduite à adopter envers ces commerçants peut varier selon qu'on accepte les vues de M. le délégué du ministre du commerce ou celles que j'ai exposées moi-même dans le paragraphe 6 du chapitre 1er. Dans le premier cas, la fourniture du charbon aux navires n'est qu'un accessoire et le mieux est évidemment d'abandonner le soin de l'organiser à ceux qui voudront bien en prendre l'initiative. On assignerait une certaine portion des terre-pleins aux entrepreneurs de charbon, les emplacements y seraient loués à tant le mètre carré et on laisserait chacun maître de faire ce qu'il voudrait. Même dans ce cas, il ne serait cependant pas tout à fait prudent de se désintéresser absolument de l'organisation du parc ni du choix des locataires des emplacements. Il ne serait pas bon à mon avis de s'en rapporter entièrement aux hasards d'une adjudication publique pour le choix des commerçants admis à fonder des dépôts de charbon à Papeete. Il faudrait, je crois, prendre des garanties sérieuses. On ne dispose pas d'assez de place pour risquer d'avoir des affaires mal organisées, et, malgré tout, la fourniture de charbon jouera un trop grand rôle pour qu'on puisse s'exposer à voir ce service mal fait.

Cette nécessité de contrôler sérieusement la gestion du parc s'impose encore bien plus évidemment si l'on adopte les idées que j'ai exposées ci-dessus, d'après lesquelles le succès du port serait intimement lié à la bonne organisation du dépôt de charbon. On a vu plus haut en quoi consiste cette organisation ; la société d'études estime le premier établissement à 1,800,000 fr. Je suis loin de conseiller d'engager du premier coup un capital aussi élevé ; mais il faut être en état de le faire en cas de succès ; et d'ailleurs il faudra bien de toute manière engager dès le commencement une somme importante. D'autre part, il est désirable que l'Etat, sans s'immiscer dans la gestion financière, s'assure que le service est bien fait et que tous les navigateurs peuvent obtenir du charbon à des prix raisonnables et dans des conditions de célérité satisfaisantes.

Etant donnée l'exiguïté de l'espace dont on dispose, je crois que ce programme ne peut être rempli que par un concessionnaire unique bien choisi et lié à l'Etat par un cahier des charges.

J'ai déjà eu l'occasion plusieurs fois de parler de la société d'études qui, après une étude très approfondie, a demandé la concession des travaux du port de Papeete et de l'exploitation du dépôt de charbon. Elle a mis à notre disposition une partie importante de son travail d'études, les instructions ministérielles nous ont formellement autorisés à faire usage des documents ainsi recueillis ; et, ainsi qu'on a pu le voir, nous avons mis à profit cette autorisation. Le travail de la société nous a été précieux et je saisis cette occasion de la remercier de sa complaisance et de dire que j'ai trouvé le travail des ingénieurs envoyés par elle extrêmement intéressant et bien fait, quoique je n'aie pas toujours adopté leurs conclusions.

Mais il n'est pas dans le plan des travaux de cette mission d'examiner la demande de concession elle-même. Dans l'hypothèse où elle serait admise, les travaux de construction du port, l'installation du parc et son exploitation seraient confiées aux mêmes personnes. C'est une combinaison possible et qui peut avoir ses avantages comme elle peut présenter des inconvénients. D'autres combinaisons sont certainement possibles aussi. Mais dans toutes les combinaisons que l'on pourra envisager on sera amené, je pense, à conserver un caractère commun : la séparation au moins théorique de la construction et de l'exploitation du port d'une part, et de l'installation et de l'exploitation du dépôt, d'autre part.

Quel que soit le constructeur des ouvrages du port, le travail, s'il n'est pas fait directement par l'Etat, est fait en son nom et par son ordre et doit être exécuté selon ses instructions. Il en sera de même de la perception des taxes sur les navires et les marchandises qui utiliseront le port. Tout cela est une affaire d'Etat, qui peut très bien faire l'objet d'une concession, mais doit cependant garder son caractère public. L'usage des quais notamment doit faire l'objet d'un règlement accordant ou refusant les priorités, et le concessionnaire, s'il y en a un, doit être assujetti à suivre ce règlement sans préférence injustifiée. Je n'entre pas dans de plus longs détails ; il me suffit d'avoir marqué le caractère essentiel de cette partie de l'affaire du port de Papeete.

Au sujet du dépôt de charbon, j'ai dit plus haut que la situation est toute différente, et que la direction doit être laissée libre entre les mains des concessionnaires, non sans quelque contrôle d'ailleurs.

On peut très bien concevoir que ces deux affaires puissent être avantageusement réunies, mais sous condition que les comptes soient distincts.

Rien donc ne s'oppose à ce que, comme il a été fait dans ce rapport, on étudie séparément les deux choses : l'organisation du port avec ses constructions et son système de taxes, d'une part ; l'organisation du dépôt avec ses probabilités de vente, d'autre part.

§ 7. — *Engins de réparation et de radoub.*

Dans la première partie de ce travail, consacré aux Antilles, l'utilité des grands engins de radoub dans les ports d'escale a été discutée avec quelque détail, je ne puis que renvoyer à cette étude, et conclure qu'à Papeete la création d'une grande forme ou la construction d'un grand dock flottant ne présentent pas d'utilité réelle, et qu'il faut rayer ce travail du programme.

A Papeete, d'ailleurs, aucun emplacement particulièrement favorable n'a pu être reconnu, de sorte que l'on doit admettre que la construction d'une grande forme serait un travail extrêmement coûteux, exigeant d'abord des études prolongées. Le prix d'une forme de radoub varie facilement du simple au double selon les terrains rencontrés, et à Papeete il y a des raisons de croire qu'on serait en terrain difficile. Un dock flottant pourrait se loger dans l'arrière-port.

La cale actuellement existante devrait être éprouvée et au besoin réparée, comme je l'ai dit ci-dessus et mise en état de tirer un navire pesant 800 ou 1,000 tonnes (voir chap. 2, § 1er, description générale). Cela semble possible et suffisant. Le service des travaux publics doit s'occuper de présenter des propositions à ce sujet : ce travail rentre en effet dans les nécessités courantes.

Cette cale présente un défaut : elle s'ensable. Mais M. Kérouault, chef du service des travaux publics, a très bien montré que le sable provient non de l'intérieur du port, mais du récif côtier de Fare Ute : il est amené par la lame de l'Est et chemine le long de la plage à l'est de Fare Ute. De simples murs et des plantations faites sur le rivage peuvent l'arrêter et l'arrêtent déjà ; le résultat pour moi est indéniable.

La jetée de Fare Ute dont je demande la construction arrêterait ce mouvement d'une manière définitive.

L'installation du parc à charbon forcera plus tard à déplacer cette cale. Je propose de la reconstruire alors sur le récif de Fare Ute, dans une anfractuosité marquée sur le plan et que j'ai reconnue avec soin. Cela exige le remblaiement du récif et la création d'un terre-plein. Moyennant la construction de la jetée de Fare Ute, la cale sera très bien en ce point et bien à portée du parc à charbon dont elle aura à entretenir le matériel.

## CHAPITRE III

### ÉCLAIRAGE DE LA ROUTE

§ 1er. — *Routes possibles entre Panama et Tahiti.*

Si l'on prend une carte marine pour la navigation par l'arc de grand cercle, et qu'on y trace la ligne Panama Tahiti on s'aperçoit que cette ligne traverse l'archipel des Tuamotu, autrefois dénommé archipel dangereux. On peut se proposer d'accepter cette traversée et de la rendre commode ou bien de l'éviter en faisant un détour. Si l'on reporte l'arc de grand cercle sur la carte marine ordinaire n° 5038, on voit que le seul détour réellement possible est vers le Nord, par l'île de Matahiva, et comme ce détour amène à passer très près de l'île de Fatuhiva, la plus Sud des Marquises, on se trouve conduit à proposer, en concurrence avec la ligne directe, une ligne passant par Fatuhiva et Matahiva.

Le premier point à fixer pour comparer ces deux routes, c'est leur longueur. De Panama à Tahiti, par l'arc de grand cercle, il y aurait 4,530 milles d'après le tableau officiel des distances. Pour mesurer avec une approximation suffisante la différence entre les deux parcours, sans calculs compliqués, on peut, sur la carte marine 5038, abaisser de Matahiva une perpendiculaire sur l'arc de grand cercle et admettre que la distance de Matahiva à Panama est la même que celle du pied de la perpendiculaire. On peut alors mesurer directement la différence des parcours que l'on trouve égale à 75 milles. Cette différence est petite, sans doute ; mais elle a cependant son importance. En fait, d'ailleurs, l'allongement sera un peu plus grand parce qu'il faudra passer à une dizaine de milles au nord de Matahiva et l'on peut voir par la construction que je viens d'indiquer qu'il en résultera un allongement d'autant ou à peu près. C'est un retard de sept heures et demie pour un cargo d'une vitesse de 11 nœuds et de cinq heures et demie pour un paquebot de 15 nœuds. Ce n'est pas absolument négligeable, et cela l'est d'autant moins que le passage par Tahiti est déjà un détour ainsi qu'il résulte de ce que j'ai dit dans le chapitre 1er en discutant le choix entre Tahiti et Rapa. Je rappelle que la distance de Panama à Auckland par route directe est de 6,650 milles, tandis que par Tahiti à travers les Tuamotu il y a environ 180 milles de plus. (Voir plus haut, ch. 1er, § 2, routes possibles et intéressantes, etc.). Par les Marquises et Matahiva il y aura donc 255 milles de plus que par la route directe et la différence est alors assez grande pour que la concurrence soit à craindre. Je suis donc d'avis que la route passant à travers les Tuamotu doit être prise en sérieuse considération et qu'il ne faut rien négliger pour la rendre commode si la chose est possible.

Pour le moment, on est forcé de renoncer à cette ligne directe, parce qu'elle nécessiterait la construction de quatre phares dans des îles difficiles et ne serait pas utilisable avant la fin de cette construction, et parce que la carte des Tuamotu est loin d'être parfaite et que le régime des courants n'y est pas connu. On devrait donc à mon avis entreprendre immédiatement une bonne étude hydrographique de la région des Tuamotu avoisinant l'arc de grand cercle ; et de cette étude résultera définitivement la possibilité ou l'impossibilité d'adopter cette route. En attendant, on ne peut que donner quelques idées sous réserves. L'arc de grand cercle coupe l'île de Fakarava vers son extrémité Sud, mais il est clair qu'on peut la tourner aussi bien par le Nord que par le Sud, et il semble que le passage du Nord est préférable ; on peut aussi chercher un peu plus au Nord ou au Sud sans allonger le parcours. Mais, de toutes manières, on voit bien qu'il faudra au moins quatre phares. En passant par le nord de Fakarava, par exemple, il semble que des phares sur Kauehi, Aratika, Fakarava et Niau donneraient un bon éclairage et peut-être suffisant, sans s'occuper des îlots lointains de Puka Puka et de Napuka que les navigateurs semblent pouvoir éviter.

Les Tuamotu sont à peu près toutes des atolls rentrant dans la description générale que j'ai donnée ci-dessus. Ce sont donc des îles très basses entourées d'une mer sans fond. La nuit ces îles sont extrêmement difficiles à voir ; de jour même on ne les voit que quand on est dessus et pourvu que le temps soit clair. La sonde n'avertit pas de l'approche d'une Tuamotu. Malgré ces difficultés, il ne semble pas que la navigation de l'archipel soit impossible. Les Tuamotu ont d'ailleurs un avantage correspondant à leurs défauts : elles sont parfaitement saines, et l'on peut passer à les raser sans échouer. Je crois qu'un éclairage bien compris permettra d'accepter la traversée de l'archipel, et dès lors il faudra l'entreprendre. Le rapport de M. Volmat renferme d'intéressants détails sur ce point, et j'en recommande la lecture quand on fera l'étude du passage des Tuamotu, mais je crois qu'on peut simplifier l'éclairage qu'il indique : je ne reproduis pas cette partie de son travail.

En attendant que les études sur l'archipel des Tuamotu aient permis d'organiser cette traversée, il faut accepter la route par les Marquises et Matahiva. Je vais m'en occuper à présent.

On pourrait aller directement de Panama à Matahiva sans s'occuper des Marquises. Ce serait une navigation de 4,500 milles environ sans voir de terre ; on atterrirait ensuite sur une île basse, pendant la dernière partie de la route, bordé d'assez près l'archipel des Tuamotu, c'est-à-dire qu'on serait amené à côtoyer le danger, avec une position qui peut être incertaine après une navigation aussi longue sans atterrissage. Évidemment, il vaut mieux reconnaître Fatuhiva. Cette île est élevée, et le temps y est généralement clair, de sorte que plusieurs personnes ont pensé qu'on pourrait se dispenser d'y construire un phare. Cependant, il faut remarquer qu'on trouve dans le voisinage de l'île un rocher qui pourrait être dangereux, le rocher Thomasset, et qu'il n'y a guère d'autre moyen de le rendre inoffensif que de le placer dans la zone éclairée par un feu. D'autre part, le navigateur venant de Panama, pouvant avoir des raisons de ne pas être sûr de sa route, a besoin d'un repère précis, et on peut même dire que ce repère sera d'autant plus nécessaire que le temps sera moins clair ; ce serait donc s'exposer à lui faire perdre du temps que de ne pas mettre un phare à sa disposition ; or, nous sommes déjà sur une route détournée, il convient donc d'en réduire les inconvénients au minimum. Les marins que j'ai consultés m'ont parlé dans ce sens et je propose d'inscrire ce phare au programme ; je reconnais d'ailleurs qu'il est moins urgent que celui de Matahiva. Le phare de Fatuhiva devra avoir une portée de 20 milles. L'île étant élevée, il suffira de bien choisir l'emplacement pour n'avoir pas à construire une tour. La principale dépense sera l'achat de l'appareil.

À Matahiva, les conditions sont toutes différentes : l'île est basse, quoique il existe une carte marine n° 4349 qui lui attribue 20 mètres d'altitude, mais c'est une erreur. J'ai donné plus haut, dans les généralités sur les récifs de corail, la forme de la section transversale de sa plage ; on peut voir que l'altitude ordinaire est de 1 m. 50 ; cette hauteur n'est jamais dépassée que de quelques décimètres, 1 mètre au plus. Un phare est donc tout à fait nécessaire ; il sera aussi très utile aux navires faisant la route de San Francisco à Papeete qui le réclament avec insistance. En venant de San Francisco on arrive dans les parages de Matahiva après 3,600 milles de navigation et il serait bien nécessaire de trouver là un point de repère sûr et commode.

Les ingénieurs de la société d'études ont proposé d'établir un second phare sur Rangiroa. Selon une remarque de l'auteur de cette proposition, son projet revient à augmenter considérablement la portée du feu de Matahiva ; cela serait vrai si les deux zones éclairées se recoupaient ; mais il n'en est rien, il reste un hiatus qui dans certains cas peut devenir dangereux. De plus, cette augmentation de la zone éclairée a lieu vers l'Est-Sud-Est, tandis que c'est vers le Nord qu'on aurait besoin de reculer la limite de la zone éclairée. Le défaut de la route que nous considérons est, en effet, de passer un peu trop près de Tikahau et de Rangiroa ; le mieux, pour un navigateur qui a des doutes sur sa position, est donc de gouverner un peu au nord de Matahiva, ce qui le ferait sortir de la zone d'éclairage du feu proposé de Rangiroa ; pour lui être utile, il vaut donc mieux donner au feu de Matahiva beaucoup de portée vers le Nord, c'est-à-dire le placer à l'extrémité Nord de l'île et lui donner toute la portée possible. L'inconvénient du feu de Rangiroa est d'attirer les navires dans la partie dangereuse. Si, par malheur, le feu de Rangiroa était éteint un soir, il s'ensuivrait presque fatalement un accident grave. Puisqu'on se décide à contourner les Tuamotu, mieux vaut le faire franchement. Plus tard on essayera de les traverser, mais alors ce n'est pas vers l'extrémité du groupe qu'il faudra se lancer dans la construction de plusieurs phares.

Pour le moment il vaut mieux donner au phare de Matahiva toute la hauteur qu'on pourra lui donner, d'après les matériaux dont on disposera. On y gagnera en sécurité et on y gagnera aussi en argent, parce que le gardiennage sera moitié moins cher et même aussi le premier établissement. Il est très vrai qu'en général une tour de hauteur double coûte plus cher que deux, parce que le prix d'une tour augmente plus vite que sa hauteur ; mais il faut ici compter avec les frais de fondation et de défense et avec les frais d'installation du personnel qui seront très importants. Ces frais, dont on comprendra l'importance quand je parlerai du mode de construction, seront proportionnels au nombre des phares. Au total, je suis convaincu qu'il sera moins dispendieux d'en faire un seul très élevé.

La portée devra être de vingt milles au moins. Mais, on peut faire davantage, il n'y faudra pas manquer. L'auteur du projet définitif devra examiner ce point d'une manière particulière.

§ 2. — *Emplacement et mode de construction du phare de Matahiva.*

L'importance de cet ouvrage étant très grande, nous avons visité l'île et examiné avec soin dans quelles conditions on pourrait y bâtir.

C'est un atoll dont on connaît déjà la forme : il n'a qu'une seule passe, située vers l'extrémité Nord, c'est-à-dire précisément au point le plus commode pour nous. Cette passe n'est accessible qu'aux embarcations. Le navire qui amènera les ouvriers et les matériaux devra donc stopper devant la passe et rester sous vapeur, car on ne peut mouiller, la profondeur étant trop grande. De la passe à l'emplacement du phare, il faudra faire une route, ce qui d'ailleurs est facile ; on ne gagnerait rien, à ce qu'il semble, à faire pénétrer les embarcations dans le lagon, car les bords de ce lagon sont, dans la région qui nous intéresse, des plages de vase peu commodes, et cela ne dispenserait pas d'un bout de route.

L'emplacement à choisir doit être aussi Nord que possible. On se placera sur la crête des terres. Cette plage est formée de sables et de galets de corail souvent agglomérés en poudingues. On devra choisir un endroit où cette agglomération se sera produite sur une grande échelle. Il ne faut pas oublier en effet que l'île est sujette à recevoir des cyclones et qu'alors les lames franchissent la crête des terres et retombent dans le lagon. Des lames pareilles peuvent corroder fortement la plage et emporter même la crête sur une certaine étendue. Plus la plage sera solide et la crête élevée, plus on sera en sûreté.

Il n'est pas étonnant que les lames de tempête passent par-dessus les crêtes des atolls, car ce sont certainement les lames qui ont apporté en place les matériaux dont sont formées ces crêtes. Le cyclone de février 1906 qui a produit à Papeete le raz de marée dont j'ai eu à parler, a laissé des traces bien visibles à Matahiva. Nous les avons vues lors de notre visite. On se rend très bien compte des faits. La lame passait par dessus la plage et retombait en donnant sur le revers un courant très rapide, analogue à celui d'une rivière. Il semble que l'épaisseur d'eau n'était pas très forte, car le déversement ne s'est produit que sur une longueur de crête très réduite. Cependant le courant a été assez puissant pour déraciner des cocotiers, par affouillement autour de leur pied.

Le constructeur du phare devra donc prévoir un cas de ce genre. Il recherchera un endroit où il puisse asseoir ses fondations sur une formation de grès ou de poudingue de masse suffisante et il établira cependant des défenses autour de ses constructions. Ces défenses devront envelopper le phare, les magasins et les maisons d'habitation, et il conviendra même que les bâtiments soient entourés d'une plate-forme élevée au-dessus des lames probables. Ce sont là des précautions indispensables, car en cas de cyclone les gardiens seraient en péril. Il ne paraît donc nullement difficile de réaliser une plate-forme défendue et assez haute pour que les lames de cyclone ne puissent l'atteindre.

La question de l'eau est particulièrement difficile et importante. Les atolls n'ont ni sources ni cours d'eau; on peut seulement y creuser des puits, qui donnent de l'eau médiocre ou mauvaise. Pendant la construction, il faudra s'en contenter faute de mieux. Mais il est indispensable d'établir des citernes.

On est donc forcé de prévoir à Matahiva des travaux assez importants, et il est indispensable de les terminer dans le cours d'une seule saison sèche, car le travail devient beaucoup plus difficile et même dangereux dans la saison des tempêtes; et, s'il fallait travailler deux ans de suite, les dépenses augmenteraient beaucoup.

Les difficultés du débarquement rendent nécessaire d'adopter un mode de construction qui n'exige pas l'importation d'objets encombrants, ni trop lourds, ni difficiles à remplacer s'il en tombe à la mer. Cela exclut à peu près la construction purement métallique. La maçonnerie proprement dite demanderait de bons maçons qu'il serait bien difficile de trouver. Nous sommes ainsi conduits au béton armé qui paraît parfaitement adapté aux circonstances.

On trouve sur la plage du sable et des galets de corail, admirablement nettoyés par la mer et prêts pour l'emploi. Il suffira d'apporter du ciment et des barres de fer qui peuvent être en paquets comparativement légers et toujours faciles à remplacer en cas qu'un paquet tombe à la mer, ce qui arrivera de temps en temps. Je conseille donc de faire toutes les constructions en béton armé.

§ 3. — *Phares de Tetiaroa, de la pointe Vénus et de Mooréa. Résumé des propositions.*

Après Matahiva, en venant vers Tahiti, on ne rencontre plus que le groupe d'îlots de Tetiaroa. Les marins sont d'accord pour dire qu'un feu de dix milles de portée est utile en ce point, parce que les courants, qui sont quelquefois forts et changeants pourraient pousser le navire trop à l'Ouest, et, comme Tetiaroa est un atoll, c'est-à-dire qu'il est visible seulement de très près, et très mal éclairé par la nuit, un feu est utile, mais il suffit qu'il permette de ne pas se jeter sur les îlots, dix milles suffisent donc.

A Tahiti même le feu de la pointe Vénus est bien placé et de portée géographique suffisante. On lui reproche seulement de couvrir un angle un peu trop grand vers le Sud-Ouest. Un navire venant d'Australasie et qui aperçoit le feu devrait pouvoir gouverner sur lui sans discussion. Or, il n'en est pas ainsi. Si le navire est un peu trop au Sud, il est exposé, en gouvernant sur le phare, à donner sur la pointe du récif devant Faa. Le récif tout entier devrait être dans l'angle obscur. C'est facile à faire.

J'ai étudié cet éclairage pour un navire venant sur Tahiti. Il est clair qu'un navire allant vers Panama trouvera de beaucoup plus grandes facilités. Mais il a toujours intérêt à avoir un feu à Matahiva et un à Fatuhiva; je ne vois rien de particulier à dire de plus pour ce sens de marche, sinon que la traversée des Tuamotu serait probablement plus facile dans ce sens et que cela serait une raison suffisante pour en faire l'hydrographie comme je l'ai demandé.

Je dois à présent examiner la route entre Tahiti et l'Australasie.

J'ai reporté sur la carte marine 5037 l'amorce de l'arc de grand cercle entre Tahiti et Auckland. Il passe près d'une petite île des Tubuai, l'île Maria; si l'arc de grand cercle devait être rigoureusement suivi, il serait sans doute utile d'éclairer cette île, mais il est plus naturel de supposer que les navigateurs l'éviteront. L'arc dirigé vers Sydney passerait un peu plus au Nord.



Pour un navire venant d'Australasie, aucune difficulté ne se présente avant d'arriver à Mooréa. Mais on ne peut bien juger de ce qui se présente alors qu'en recourant à la carte à plus grande échelle numéro 3500; j'y ai reporté une amorce de l'arc de grand cercle, qui passe à 4 milles et demi du récif de Mooréa en un point où le feu de la pointe Vénus n'est pas encore visible. Sans doute Mooréa est une île élevée et le temps est souvent clair dans ces parages, mais c'est beaucoup compter sur la chance que de se passer de feu dans ces conditions; et, en fait, les marins ont déclaré à M. le commandant Bienaymé qu'ils évitaient d'arriver de nuit. Dans la situation actuelle, l'arrivée à Tahiti en venant d'Australasie n'est donc pas bonne, et un phare sur la pointe Sud de Mooréa s'impose. En lui donnant 15 milles de portée, on donnera un accès facile et sûr. La pointe Sud de Mooréa est une terre haute, où l'établissement du phare sera facile.

En résumé je propose :

Un phare de 20 milles de portée à Fatuhiva.

Un de 20 au moins et autant que possible davantage à Matahiva.

Un de 10 à Tetiaroa.

Un de 15 à Mooréa.

Légère modification à la pointe Vénus.

## CHAPITRE IV

### L'ADDUCTION D'EAU DE PAPEETE

Il importe au plus haut point, si Papeete doit devenir un port d'escale fréquenté, de connaître ses ressources en eau.

Papeete est alimentée par des eaux de source excellentes dont l'analyse montre la pureté. Le captage est fait dans la vallée de la Fautaua à environ 4 kilom. 5 de distance de la ville de Papeete. Il existait autrefois deux autres adductions d'eau, à présent abandonnées, je n'en parle que pour mémoire :

1° Les eaux des sources de la Reine ;

2° Les eaux des ruisseaux de Sainte-Amélie et de Sentenac.

Je vais décrire avec quelques détails le captage actuellement utilisé.

La vallée de la Fautaua est en cet endroit une gorge profonde, comprise entre deux montagnes formées d'une roche d'origine éruptive, à présent fortement décomposée. Le fond de la vallée est formé d'alluvions torrentielles anciennes; la rivière qui les a apportées y coule à présent en serpentant entre deux rives accores formées des mêmes alluvions; quelquefois cependant il se rapproche d'une des parois rocheuses jusqu'à la toucher. Le captage est situé précisément en un de ces points ou plutôt un peu en aval. Un contrefort de la montagne de rive gauche vient barrer partiellement la vallée; et la rivière vient le toucher presque; puis la rivière suit son cours, et le contrefort s'efface laissant une certaine étendue assez plate entre la rive et la montagne. C'est là qu'est le captage. On a simplement creusé dans le sol un large fossé dont on a garni les parois de pierres sèches et qu'on a recouvert de madriers et de plaques de tôle. Ce fossé forme ainsi galerie de drainage et conduit les eaux dans un puisard qui tué à son extrémité inférieure. La galerie filtrante longe le pied de la montagne de rive gauche et se trouve vaguement parallèle au lit de la rivière. Au moment où l'on a décidé l'exécution de ce travail on croyait probablement qu'on allait capter l'eau de la Fautaua, filtrée par un passage dans le massif d'alluvions qui subsiste entre la rive et la galerie. Cependant M. Auffray, chef de service des travaux municipaux, qui a suivi le travail de captage, a été frappé de voir les eaux venir, non du côté de la rivière, mais du côté de la montagne. Il a acquis ainsi la conviction que l'eau ne vient pas de la rivière, du moins dans le même profil en travers.

Ce résultat ne surprendra aucune personne habituée à ces questions. L'eau qui imbibe les alluvions drainés y forme une nappe dont la surface supérieure est inclinée dans le sens de la vallée d'abord et ensuite dans le sens transversal, de la montagne à la rivière. Cette nappe a donc son écoulement vers la rivière et non vers le coteau. Jusque là nous ne trouvons donc rien d'étonnant. Mais une question très importante est de savoir si les eaux captées viennent de la partie supérieure de la vallée ou de la montagne adjacente. L'examen des lieux semble exclure absolument la possibilité d'arrivée par la partie supérieure de la vallée. Le contrefort montagneux dont j'ai parlé

coupe de ce côté toute communication importante et réduit à rien la largeur des alluvions sur une longueur de rivière d'au moins une centaine de mètres. Je ne crois pas qu'il vienne par là une quantité d'eau appréciable. Si on examine le coteau lui-même, on le trouve fortement imprégné d'eau; et, précisément dans cet endroit où il côtoie la rivière, il laisse paraître de nombreux suintements. Ma conviction est donc faite : c'est le coteau qui fournit l'eau de Papeete. En tout cas, si elle provient de la vallée, ce ne peut être que par un chemin détourné très long et après une filtration naturelle dans des terrains très denses. Je trouve dans une certaine mesure une confirmation de cette opinion dans le rapprochement de l'analyse et de l'eau de la rivière faite le 21 février 1910 avec l'analyse de l'eau du captage prélevée le 10 février 1910. La première renferme 9 milligr. 6 de nitrates et la seconde seulement 3 milligr. 27. Ce n'est pas très probant; mais du moins cela ne contredit pas mon opinion.

Je me suis étendu un peu sur cette question parce qu'elle est capitale. L'eau de la rivière est en effet suspecte. Non seulement l'analyse le montre par ses conclusions, mais encore le sentiment public est très net dans ce sens. Immédiatement en amont de la prise et sur une longueur de plusieurs kilomètres la vallée est habitée et cultivée, et il semble impossible de l'exproprier et de la condamner. Dès lors la rivière est ou peut être souillée; et, dans un pays où sévit la lèpre, la contamination de l'eau est sans doute encore plus effrayante que dans une autre contrée. L'eau de la rivière est donc à rejeter absolument, sous réserve de ce que je dirai plus loin au sujet d'une prise possible dans la partie haute de la vallée. Mais ce n'est pas l'eau de la rivière que l'on capte à présent, c'est en réalité de l'eau de source. Le mode de captage est un peu primitif sans doute, la galerie est insuffisamment couverte et mal défendue contre les eaux de ruissellement; mais elle est renfermée dans une enceinte close et surveillée, de sorte qu'elle n'est pas polluée gravement par là; il est probable aussi que le fond de la galerie laisse perdre une partie de l'eau. On aurait peut-être intérêt à se rapprocher du coteau en y cherchant les émergences; c'est une étude à faire, elle n'est ni coûteuse ni difficile et pourrait donner une amélioration du débit. En tout cas, les défauts du captage actuel sont secondaires, sauf l'insuffisance de son débit qui va m'occuper à présent. Deux des photographies remises gracieusement par M. Cardella, maire de Papeete, montrent la vue extérieure de la galerie de drainage. La première est prise en regardant vers l'amont; on a à sa droite le coteau qui fournit la source si mon interprétation est juste; la seconde regarde l'aval; on voit la montagne opposée à l'abri du puisard.

Au sortir de la galerie filtrante, l'eau tombe dans un puisard dont les parois seules sont maçonnées : le fond en est perméable et laisse certainement filtrer l'eau en abondance. La conduite d'adduction part de la paroi de ce puisard un peu au-dessus du fond et se rend en ville sans qu'il existe aucun réservoir. L'eau coule donc directement du captage aux robinets de consommation, sans rien pour faire volant. Pendant les heures de nuit, de dix heures du soir à six heures du matin, la consommation est insignifiante et l'eau se perd en infiltrations; mais, aux moments de forte consommation, on manque d'eau, quoique la conduite puisse débiter tout ce qui serait nécessaire, mais le captage ne suffit plus.

La conduite d'adduction ayant 0.300 de diamètre, 4,500 mètres de longueur et environ 65 mètres de charge (chiffres trouvés dans un rapport fourni par la mairie), il est facile d'établir que le débit pourrait être d'environ 100 litres par seconde (99,19). Or, en étiage le captage est loin de fournir une pareille quantité d'eau. Sur ma demande, M. le maire a bien voulu faire exécuter un petit ouvrage de jaugeage qui permet, sans déranger le service, de se rendre compte à tout moment de la quantité d'eau recueillie à l'entrée de la conduite; il a ordonné des observations régulières dont voici les résultats :

| | | |
|---|---|---|
| 6 juillet 1912 | .................... | 25 litres. |
| 11 — | .................... | 27 — |
| 18 — | .................... | 23 — |
| 25 — | .................... | 21 — |

Du 25 juillet au 21 août, moyenne d'observations faites tous les huit jours, 15 litres 6.

Je ne crois pas qu'on fût encore à l'étiage le

24 août, mais je n'ai pas encore d'observations postérieures à cette date (1).

Avec un débit de 15 litres par seconde, on a, pendant les heures du jour, de six heures du matin à dix heures du soir, une quantité totale de 864 mètres cubes, ce qui, Papeete étant une ville de 4,000 habitants, donne 210 l. 3 par habitant et par jour : ce n'est pas beaucoup pour un pays tropical, mais ce serait presque suffisant, si, d'abord, il n'y avait pas de gaspillage, et si la consommation était bien régulière; mais il va sans dire que la consommation varie considérablement suivant les heures, de sorte qu'il doit encore se perdre de l'eau, même dans la journée.

J'ai fait un petit graphique hypothétique de la consommation en admettant qu'elle s'élève à 30 litres par seconde entre six heures et onze heures du matin et entre quatre heures et dix heures du soir, qu'elle se réduise à quinze dans la journée entre ces deux périodes et qu'elle tombe à zéro dans la nuit entre dix heures du soir et six heures du matin. En consultant ce graphique, on verra que, pour une consommation ainsi réglée, un débit de 15 l. 625 suffirait, à condition de disposer d'un réservoir de 466 mètres cubes. En fait, il faut donner au réservoir une capacité plus grande, au moins un jour de consommation, pour permettre de réparer la conduite sans interrompre le service.

On voit donc que le débit du captage était encore à la rigueur suffisant en août 1912 pour permettre d'user, aux heures de la journée où l'on consomme le plus d'eau, un débit de 30 litres par seconde. Or, j'ai des raisons de penser que ce serait presque suffisant. En effet, lors de notre séjour à Papeete, le débit était d'environ 25 litres sans réservoir et l'on commençait à peine à se plaindre du manque de pression sur le soir vers les sept heures au moment des douches et de la plus forte consommation.

Ainsi que je l'ai dit, le débit du mois d'août n'est probablement pas le plus faible de l'année, il faudrait avoir des jaugeages poursuivis jusqu'en novembre, je les ai demandés et je les attends. Mais il ressort suffisamment de ce qui précède qu'un réservoir d'un millier de mètres s'impose.

En même temps que l'on construira ce réservoir, il conviendra d'essayer d'augmenter le débit du captage. Pour cela, la première chose à faire est évidemment d'étancher le fond du puisard, par lequel se perd certainement une partie de l'eau amenée par la galerie (2). Ensuite il faudra examiner la galerie elle-même qui très probablement ne reçoit d'eau que par sa paroi de rive gauche, il conviendrait donc peut-être d'étancher le fond et la rive droite qui ne peuvent que perdre de l'eau s'ils n'en fournissent pas, ce dont il faudra s'assurer. Enfin on peut aussi et peut-être avant toute chose augmenter la longueur de la galerie, ce qui pourrait donner un débit probablement près du double du débit actuel d'étiage (3).

Plus tard, si le captage, dans l'endroit où il se trouve à présent, se montrait décidément insuffisant, on aurait encore une ressource précieuse et dépassant de beaucoup les besoins que l'on peut prévoir, même en cas de développement considérable de la ville de Papeete. Il suffirait d'aller prendre dans la partie haute de la vallée les eaux de la Fautaua et de ses affluents. Lorsqu'on remonte la vallée, on trouve en effet d'importantes chutes de 130 mètres environ qui forment comme une cassure s'étendant aux trois principaux affluents. En amont de ces chutes, la vallée est encore inhabitée et peu fréquentée. Il conviendra d'y établir une réserve, et, moyennant cette pré-

(1) Une lettre du 19 octobre me fait savoir que depuis le 29 août le débit, mesuré tous les jeudis, s'est maintenu à 11 litres à la seconde; M. le maire ajoute :

« Cependant, le débit réel est bien supérieur à celui indiqué par le déversoir, car de nouvelles infiltrations alimentent directement la partie où se trouve la vanne de départ.

« Les sondages exécutés sous la direction de M. Auffray ont donné de bons résultats et il compte, l'année prochaine, augmenter le volume d'eau. »

(2) Ceci paraît en contradiction avec ce que dit M. le maire dans sa lettre du 19 octobre, où il signale au contraire une arrivée d'eau par le puisard, ce serait à voir de près.

(3) C'est ce dont on s'occupe à présent.

caution, les eaux resteront parfaitement pures. Le débit, pour la Fautaua seulement, sans compter les deux autres branches, est d'une quarantaine de litres par seconde. On aurait donc plus qu'il ne faudra jamais. Il se trouve précisément que l'on a récemment concédé la force motrice due à la chute de la Fautaua à une société pour l'éclairage électrique de la ville. Cette société était, au moment de notre passage, en cours de travail pour établir une prise en amont de la chute pour amener l'eau en conduite sous pression à une usine située au pied. Il suffirait de reprendre l'eau à la sortie de ses turbines. Cela représenterait la construction d'une conduite de 3 kilomètres environ pour se procurer 40 litres par seconde d'une eau qui ne pourrait guère être suspectée. Cela vaudrait en tout cas mieux que de recourir à une prise dans la Fautaua inférieure, et cela ne coûterait pas très cher.

On pourrait enfin étudier de nouveau les prises d'eau des ruisseaux de Sainte-Amélie et de Sentenac, récemment abandonnées, sans qu'on en ait donné d'autre raison, sinon que les eaux étaient troubles au moment des crues. Une analyse remontant à 1887, et dont la mairie ne fait pas état, semblait indiquer que ces eaux, filtrées, eussent été bonnes. Il subsiste encore une certaine longueur de conduite et des réservoirs. Rien ne dit que ces captages ne pourraient pas être repris utilement en cas d'insuffisance des ressources actuelles.

En résumé, l'adduction d'eau de Papeete ne laisserait pas trop à désirer si elle était complétée par la construction d'un réservoir d'un millier de mètres cubes de capacité. Il convient cependant d'essayer dès à présent d'améliorer les captages. En cas de besoin on aurait à proximité des ressources pratiquement indéfinies, étant donnés les besoins probables.

Il sera facile de trouver un emplacement pour le réservoir sur le flanc des montagnes entre la Fautaua et Papeete. C'est une étude à faire, mais qui paraît devoir aboutir sans peine. On pourra le placer en souterrain pour conserver la fraîcheur de l'eau. L'endroit le plus commode, si l'on ne considérait que la construction du réservoir lui-même, serait au voisinage du captage, mais alors on ne pourrait plus l'utiliser en cas de réparation à la conduite d'adduction. On sera donc sans doute amené à le placer beaucoup plus près de la ville et en dérivation.

*Assainissement de la ville.* — Il y a certainement beaucoup à faire pour assainir parfaitement Papeete. Le système des égouts est rudimentaire, et la ville est entourée sur moitié de sa longueur par une petite rivière torrentielle en général assez sale, avec beaucoup de points de stagnation. L'imperfection du drainage est cause que les moustiques se multiplient énormément, et l'on nous a assuré que parmi ces moustiques figure celui de la fièvre jaune. Or, Papeete va se trouver bientôt en rapports fréquents avec l'Amérique centrale, où la fièvre jaune est endémique.

La distance sans doute est grande et le canal de Panama a été admirablement assaini par les Américains, mais un seul cas de fièvre amené par hasard peut infecter l'île et causer des désastres. Il serait d'ailleurs bien imprudent de tenter l'établissement d'un grand port d'escale et de ne pas délivrer Papeete du fléau des moustiques. Les Américains ont eu entièrement purgé la zone du canal, et c'est grâce à cette mesure énergique et intelligente qu'ils ont pu exécuter leur immense travail dans des conditions de salubrité inespérées. Dans ce pays qui fut naguère une terre de désolation et de mort, on vient à présent en promenade d'agrément, nous y avons vu des légions de touristes de tout âge, ainsi à l'aise que sur les bords de la Méditerranée. Aux passages arrivant de Panama, la Papeete actuel ferait une impression défavorable, qu'il faut à tout prix éviter.

Il est à désirer que l'on puisse un jour débarrasser l'île de la lèpre, dont on trouve encore des cas de temps en temps. Je sais que les autorités se sont préoccupées et font tous leurs efforts dans ce sens.

Ces questions d'assainissement sont à l'ordre du jour en ce moment à Papeete et la municipalité m'a remis à ce sujet des documents fort intéressants. Le temps me manque malheureusement pour en rendre compte. Je dois me borner à dire que la bonne volonté et l'application sont parfaites, mais que les ressources pourraient bien être insuffisantes. L'étude de l'assainissement de Papeete ne semble d'ailleurs pas très facile, et je pense qu'il serait bon que le Gouvernement secondât la municipalité dans cette œuvre essentielle.

## CHAPITRE V



### § 1er. — *Résumé des travaux projetés.*

*1° Travaux de première urgence à entreprendre immédiatement.* — Entrée du port. — Approfondissement à treize mètres au-dessous du zéro, sur une largeur de cent cinquante mètres.

Balisage par trois pylônes portant autant de feux et jalonnant les deux bords de la passe selon les indications de détail données chapitre 2, paragraphe 3.

Un pylône formant amer avec feu sur le récif extérieur de l'Est, simplement destiné à marquer la sortie de la passe et à fournir ainsi un repère de position en longueur.

Enlèvement d'un haut fond qui paraît subsister à quelque distance à l'intérieur du port dans la direction de la passe. Le draguer à treize mètres.

Ouvrages de protection contre la mer. — Digue sur le récif extérieur de l'Est, selon profil donné et selon tracé indiqué.

Ouvrages d'accostage et d'amarrage. — Un quai de 350 mètres de longueur B C.

Parc à charbon. — Se servir des 100 derniers mètres du quai BC et installer là un parc réduit d'environ moitié pour attendre les évènements.

Cale de halage. — Réparer la cale existante et lui donner une puissance de 800 à 1,000 tonnes de poids.

Phares. Construction du phare de Matahiva.

Améliorer le phare de Pointe-Vénus et le modifier légèrement pour diminuer son secteur vers le Sud-Ouest.

Adduction d'eau de Papeete. — Construire un réservoir d'au moins mille mètres cubes.

Améliorer le captage selon indications ci-dessus.

En cas d'insuffisance de ces mesures, construire une conduite allant prendre l'eau de la Fautaua à la sortie des turbines de la société d'électricité.

*2° Travaux de seconde urgence.* — Digue de Motu Uta, selon profil donné et tracé approximatif indiqué.

Digue sur le récif de Fare-Ute, selon profil type donné et tracé approximativement indiqué.

Quai de 250 mètres en remplacement de l'appontement actuel CD.

Deux postes d'amarrage en dehors des quais.

Installer définitivement le parc à charbon selon les indications de M. de Larminat.

Reconstruire la cale de halage au point indiqué.

Construire les phares de Fatuhiva, de Toliaroa et de Mooréa.

Parmi ces travaux de seconde urgence, les phares sont à mettre en première ligne; les autres ouvrages selon les événements.

### § 2. — *Main-d'œuvre et provenance des matériaux.*

La main d'œuvre est très chère à Tahiti, on s'en fera une idée en consultant la série de prix élémentaires. Mais, de plus, les travailleurs que l'on se procure sont très irréguliers et l'on ne peut compter sur eux. Cependant, ce sont d'habiles marins et on trouve des plongeurs de premier ordre, ce qui sera précieux. Il faut résolument écarter l'idée d'employer des maçons et de projeter des ouvrages en béton pouvant être exécutés par des manœuvres sous la direction de contremaîtres exercés.

Ces manœuvres, les terrassiers et les quelques ouvriers d'art indispensables devront venir de l'extérieur. On devra, dans un intérêt politique, éviter le recrutement en Extrême-Orient et surtout au Japon. L'Annamite ne saurait être essayé, de l'avis de tous ceux qui l'ont connu dans son pays. C'est donc d'Europe et, si l'on peut, de France qu'il faut amener les ouvriers qui devront être en nombre aussi restreint que possible : on emploiera les machines autant que faire se peut. A défaut de Français, l'Italien, l'Espagnol ou le Portugais peuvent être utilisés. On emploie des Espagnols et des Italiens à Panama et on s'en trouve bien. On pourrait aussi, mais peut-être plus difficilement, trouver quelques ouvriers dans les Antilles françaises. Au total, le problème de la main-d'œuvre est sérieux, mais non in quiétant.

Les métaux et le ciment viendront évidemment de France. On pourrait s'en procurer en Amérique au besoin.

Les bois ne peuvent venir que des forêts de l'Orégon. Il est indispensable de s'occuper des achats soit à San-Francisco, soit de préférence sur place, sinon on va au-devant d'une déconvenue. Une adjudication faite à Papeete dans les conditions ordinaires de nos marchés administratifs me semblerait préparer des déceptions. Il faut aller sur place, en Orégon, reconnaître les qualités et les dimensions et fixer les conditions de réception et de transport.

Les matériaux pour lesquels la question de provenance est la plus importante sont le sable et les moellons. On a en effet de la peine à trouver de bons matériaux dans les environs immédiats de Papeete.

On m'a montré deux carrières passables ou même bonnes, l'une est à Faaa, à 2 kilomètres 700 environ ; l'autre est à Tipaerui, à 2 ki lomètres 890. Cette dernière est louée au service des travaux publics pour trois ans à partir du 1er janvier 1912, on pourrait même l'utiliser dans de bonnes conditions jusqu'au 1er janvier 1915.

Il ne faudrait probablement prendre dans ces carrières et dans quelques autres moins bonnes du voisinage que les moellons destinés aux enrochements des quais et des digues. Je ne crois pas qu'il soit avantageux d'y recourir pour le béton. Je proposerai pour le béton une carrière spéciale.

On trouvera du sable de mer bien propre sur la plage de Taone, à l'est de Papeete. On peut y trouver aussi quelquefois du petit galet propre à la fabrication du béton armé. Mais sur cette plage les apports de la mer sont variables et on ne peut pas fonder une entreprise de quelque importance sur ce qu'on y trouvera.

Enfin, M. Kérouault, chef du service des travaux publics, nous a montré, à environ 10 kilomètres de Papeete vers l'est, une plage où l'on pourrra se procurer en tout temps et en quantité illimitée du sable de mer, de tout grosseur jusqu'au gravier propre au béton armé. C'est là que selon moi il faut aller chercher les matériaux pour le béton. Il faudra organiser un transport assez coûteux, mais on sera dispensé des frais de cassage et des droits de carrière à payer au propriétaire, ce qui est un avantage sérieux. On s'arrêtera, je pense, à un transport par mer conduisant le sable et les galets en rade de Papeete.

Une brève note annexée à l'avant-projet fait connaître sommairement la situation des carrières que je viens d'indiquer.

### § 3. — Avant-projet et mode d'exécution des travaux.

L'avant-projet comprend :

Un plan schématique de la disposition et du tracé approximatif des ouvrages dans la rade de Papeete ; ce plan est établi sur la carte marine n° 3452 ;

Un plan de sondages de la passe établi par M. Vollrat et sur lequel j'ai dessiné les divers tracés possibles pour l'approfondissement projeté, pour l'évaluation des travaux j'ai retenu un de ces tracés, celui dont l'axe est l'alignement d'entrée actuel ;

Des profils en travers de la passe, avec approfondissement, profils dressés au moyen du plan ci-dessus ;

Une cubature sommaire du dérochement à faire ;

Un profil type et moyen pour chaque digue projetée ;

Un tracé du quai BC sur plan au 1/500, plan fourni par le service des travaux publics et comportant des sondes récentes ;

Un profil type du mur de quai ;

Des profils montrant la disposition du terre-plein et permettant une cubature des terrassements et des enrochements ;

Un avant-métré sommaire et une estimation du mètre courant pour les digues et pour le quai BC.

Mode d'exécution des travaux. — Approfon dissement de la passe. Depuis quelques années déjà, le capitaine de port exécute des approfondissements par un procédé fort primitif qui consiste à immerger une caisse de dynamite et à la faire détonner à l'endroit où il veut faire un éblai ; l'enlèvement des déblais se fait par le courant de sortie, on ne s'en occupe en général point. J'ai assisté à une de ces expériences. Le capitaine de port les faisait alors avec des dyna mites avariées et dans des conditions extrêmement dangereuses. J'ai attiré là-dessus l'attention du gouverneur et l'attire à présent celle du ministre. Il me semble fâcheux que, pour utiliser des matériaux avariés et économiser ainsi les quelques francs nécessaires à leur remplacement, on expose la vie d'ouvriers qui ne se rendent pas compte du danger qu'on leur fait courir. J'ai demandé et je demande encore qu'on fasse cesser ces opérations dangereuses et qu'on exige l'emploi de dynamite en bon état, maniée avec les précautions prescrites par les hommes compétents.

Pour les travaux que je projette, ce moyen primitif n'est d'ailleurs pas suffisant. Il con viendra d'employer soit une pilonneuse soit des perforatrices portées sur un ponton et d'opérer méthodiquement. L'enlèvement des déblais devrait se faire par une drague à mâ choires. La grue de cette drague trouverait toujours son utilisation pour le port, et d'ail leurs la drague elle-même sera utile pour la construction des quais et plus tard pour l'entretien.

Digues. — Les travaux des digues semblent devoir être faciles et ne nécessitent aucune explication spéciale.

Quais. — Les quais exigeront d'abord des fora ges nouveaux permettant de se rendre un compte exact des terrains rencontrés. Cette étude définitive pourrait entraîner une modification du procédé de fondation. Si celui que je propose est maintenu, on aura besoin d'un outillage d'air comprimé, évidemment coûteux, mais entré à présent dans la pratique cou rante.

La carrière à établir sur la plage ci-dessus décrite exigera l'organisation d'un transport assez important avec chalands et remorqueurs ; si on voulait s'en affranchir en recourant exclusivement aux carrières rapprochées, il faudrait prévoir des concasseurs.

Je crois devoir encore recommander de ne pas employer de maçonnerie proprement dite exigeant des maçons expérimentés, mais de se borner à l'emploi du béton.

Je rappelle aussi la nécessité de diminuer autant que faire se pourra le nombre d'ouvriers et d'employer pour cela les machines, comme on le fait à présent partout en Amérique.

### § 4. — Estimation.

L'estimation qui va suivre ne comprend pas les frais de direction, sauf la surveillance immédiate du travail par les surveillants. Elle est faite, pour les ouvrages qui figurent à l'avant-projet, d'après les dimensions, métrés et estimation d'un mètre courant qui figurent dans cet avant-projet ; les autres ouvrages, pour lesquels on a donné seulement des indications essentielles, sont l'objet d'un simple aperçu.

*Travaux de première urgence à entreprendre immédiatement.*

| NUMÉROS | DÉSIGNATION DES TRAVAUX | PRIX PARTIELS | TOTAUX par numéro. |
|---|---|---|---|
| 1 | Approfondissement de la passe et balisage : | | |
| | Achat de matériel.................... | 400.000 | |
| | Dérochement de 25,000 mètres cubes à 10 fr..... | 250.000 | 700.000 |
| | Balisage.......... | 50.000 | |
| 2 | Digue du large. — 600 mètres courants à 1,000 fr... | 600.000 | 600.000 |
| 3 | Quai B C. (y compris terre-plein) : | | |
| | 350 mètres courants à 8,000 fr............ | 2.800.000 | 3.100.000 |
| | Magasins........... | 300.000 | |
| 4 | Parc à charbon. — Installation réduite (outillage seulement)............ | 500.000 | 500.000 |
| 5 | Renforcement de la cale de halage ............. | 50.000 | 50.000 |
| 6 | Phare de Matahiva......... | 250.000 | 500.000 |
| | Achat d'un baliseur......... | 250.000 | |
| 7 | Amélioration de l'adduction d'eau de Papeete..... | Pour mémoire. | |
| | | | 5.450.000 |
| | Soit............ | ............ | 5.500.000 fr. |

*Travaux de seconde urgence.*

NOTA. — Les phares sont à faire en premier lieu.

| NUMÉROS | DÉSIGNATION DES TRAVAUX | PRIX PARTIELS | TOTAUX par numéro. |
|---|---|---|---|
| 1 | Digue de Motu Uta. — 300 mètres courants à 500 fr. | 150.000 | 300.000 |
| | Digue de Fare Ute. — 500 mètres courants à 300 fr. | 150.000 | |
| 2 | Quai de 250 mètres en remplacement de l'appontement actuel C. D.............. | 2.500.000 | 2.500.000 |
| 3 | Postes d'amarrage (deux)............ | 50.000 | 50.000 |
| 4 | Parc à charbon définitif.......... | 1.300.000 | 1.300.000 |
| 5 | Nouvelle cale de halage.... | 100.000 | 100.000 |
| 6 | Phares de Fatuhiva, Tetiaroa et Moorea.......... | 200.000 | 200.000 |
| | | | 4.450.000 |
| | Soit............ | ............ | 4.500.000 |

*L'ingénieur en chef des ponts et chaussées chef de la mission,*

JULLIADIÈRE.

**B**

RAPPORT DE M. DOUVRY,
INGÉNIEUR DES ARTS ET MANUFACTURES,
DÉLÉGUÉ
DU MINISTRE DU COMMERCE ET DE L'INDUSTRIE

## IIᵉ PARTIE. — OCÉANIE

### CHAPITRE Iᵉʳ

MOUVEMENT DE NAVIGATION PROBABLE ENTRE LE
CANAL DE PANAMA ET L'OCÉANIE

Dans son étude du tonnage net enregistré, qui aurait pu avantageusement utiliser le canal de Panama, en 1909-1910, M. Emory Johnson donne les chiffres ci-dessous :

Entre l'Europe : les contrées orientales à l'est de Singapore et l'Océanie........... 1.174.585

Entre les côtes Est des États-Unis : les contrées orientales à l'est de Singapore et l'Océanie............... 1.500.000

Soit en tout............... 2.674.585

M. Johnson estime que 50 p. 100 du trafic, entre l'Europe, la Nouvelle-Zélande et les îles de l'Océanie, aurait utilisé le canal de Panama, soit un tonnage de 449,169 tonnes; le reste du tonnage continuant à passer par le détroit de Magellan.

« Actuellement, la plupart des cargos, en partance de l'Europe pour l'Australie et la Nouvelle-Zélande, passent par le Cap de Bonne-Espérance, tandis que les paquebots et les bateaux rapides prennent la route de Suez. Les vaisseaux quittant la Nouvelle-Zélande avec un chargement complet pour l'Europe, prennent régulièrement le détroit de Magellan, qui est la plus courte de 1,014 mille que celle *via* Melbourne, Colombo et Suez. Après l'ouverture du canal de Panama, il y aura une active concurrence entre les routes de Panama et de Magellan, pour une grande partie du trafic entre l'Europe et la Nouvelle-Zélande. La distance entre Liverpool et la Nouvelle-Zélande, *via* détroit de Magellan, sera seulement de 550 milles plus grande que celle *via* isthme de Panama. (Johnson, *Panama Canal Traffic and Tolls*, p. 14.)

Il est probable que les paquebots entre l'Europe et la Nouvelle-Zélande, portant des fruits et des approvisionnements en frigorifiques, prendront la route du canal, qui est la plus courte, 11,425 milles de Wellington à Liverpool. Les cargos se partageront dans les quatre routes : *via* Magellan, 11,973 milles; *via* Melbourne, Colombo, Suez, 12,989 milles; *via* cap de Bonne-Espérance, environ 14,000 milles.

Les vents sont moins dangereux par la route de Panama, le tarif des assurances sera un peu plus bas et le charbon bien meilleur marché que par Magellan.

10 p. 100 seulement du trafic entre l'Europe et l'Australie aurait pris la route de Panama, soit 504,865 tonnes. Actuellement, déjà, quelques navires traversent le Pacifique pour s'assurer du fret sur les côtes Ouest des deux Amériques et le transporter en Europe, via Magellan ou cap Horn. « La tendance, pour les navires quittant l'Australie ou le Japon à chercher des chargements dans l'Amérique du Nord ou dans l'Amérique du Sud, sera plus puissante après l'ouverture du canal de Panama. »

M. Emory Johnson estime qu'au moins 5 p. 100 du trafic entre l'Europe et le Japon aurait pris la route de Panama en 1909-1910, soit 220,551 tonnes, ce qui nous donne bien :

Europe avec Nouvelle-Zélande et Océanie.................. 449.169
Europe avec Australie............. 504.865
Europe avec Japon............... 220.551

En tout.............. 1.174.585

Sur ce tonnage, seul le trafic avec l'Australie, la Nouvelle-Zélande et l'Océanie, soit 954,034 tonnes, intéresse Tahiti, qui se trouve presque sur la route. Sur ces 954,034 tonnes, en provenance ou à destination de l'Europe 741,876 tonnes concernent la France.

M. Johnson déclare qu'il est particulièrement difficile, pour les raisons suivantes, d'obtenir des statistiques exactes sur le mouvement des navires concernant les transports commerciaux entre les ports de la côte Est des États-Unis, l'Extrême-Orient et l'Océanie :

Une partie du commerce se fait indirectement par l'intermédiaire de l'Europe, et les navires qui transportent ces marchandises sont compris dans le commerce avec l'Europe, au lieu de compter dans le trafic avec l'Extrême-Orient et l'Océanie.

Quelques navires engagés dans le trafic d'Extrême-Orient déchargent une partie de leur fret dans le sud de l'Asie et sont compris dans le mouvement de navigation avec ces contrées.

Les chiffres donnés par les statistiques pour le mouvement des navires entre les côtes Est des États-Unis, l'Extrême-Orient et l'Océanie ne sont pas du tout en rapport avec le mouvement commercial connu; le tonnage des navires donné par les statistiques ne pourrait pas transporter les marchandises échangées.

Le tonnage net enregistré des navires en provenance ou à destination des contrées de l'Océanie, entrant dans les ports de la côte Est des États-Unis ou en sortant, est donné par le tableau suivant :

| DÉSIGNATION | ENTRÉES | SORTIES | TOTAL des entrées et sorties. |
|---|---|---|---|
| Australie et Tasmanie. | 5.677 | 192.580 | 198.257 |
| Océanie française. | 4.308 | » | 4.308 |
| Océanie allemande. | » | 1.478 | 1.478 |
| Nouvelle-Zélande. | » | 15.769 | 15.769 |
| Total. | 9.985 | 209.827 | 219.812 |

Nous avons vu dans le chapitre II de la première partie comment, en interprétant la méthode de M. Johnson et en l'appliquant séparément à l'Australasie et à l'Extrême-Orient nous avions obtenu des chiffres très peu différents des siens :

Côte Est des États-Unis avec :

Entrées et sorties. Tonnes nettes enregistrées.

Contrées orientales Est de Singapore.................. 979.602
Australie, Tasmanie, Nouvelle-Zélande, Océanie.................. 520.393

Total.................. 1.500.000

Nous ne reviendrons donc pas sur ce que nous avons dit à ce sujet.

Les chiffres obtenus en appliquant la méthode de M. Johnson au mouvement des navires, en provenance ou à destination des contrées de l'Océanie, navires qui auraient pu avantageusement utiliser le canal de Panama en 1909-1910, sont donc :

Navires à destination ou en provenance :

Tonnes nettes enregistrées.

Des ports français.................. 74.876
Des autres ports européens........ 870.158
Des ports de la côte Est des États Unis.................. 520.398

Soit un tonnage total....... 1.474.432

M. Johnson, en comparant l'estimation de la compagnie nouvelle du canal de Panama, faite en 1899, et la sienne pour l'année 1909-1910, en a déduit que l'accroissement du mouvement de navigation était de 58.96 p. 100 pour dix ans; ce qui donne une augmentation de 26.08 p. 100 pour cinq ans, de 1910 à 1915.

Cet accroissement de 58.96 p. 100 dans le mouvement de la navigation de 1900 à 1910, correspond assez bien aux accroissements dans les échanges commerciaux.

De 1900 à 1910 le mouvement commercial de l'Europe avec les contrées du Pacifique et l'Extrême-Orient s'est accru de 52.1 p. 100.

Dans le même laps de temps, le mouvement commercial des ports de l'est des États-Unis avec l'Australie, la Tasmanie et la Nouvelle-Zélande s'est accru de 67.3 p. 100. Avec les autres parties de l'Océanie, autres que les colonies américaines, l'augmentation a été de 288 p. 100.

Le tableau ci-dessous va nous donner les augmentations du commerce extérieur de l'Australie de 1900 à 1910.

| ANNÉES | IMPORTATIONS | EXPORTATIONS | COMMERCE global. |
|---|---|---|---|
| 1900. | 41.388.030 | 45.956.882 | 87.344.912 |
| 1910. | 59.456.238 | 74.497.627 | 133.953.865 |
| Augmentation. | 43.6 p. 100 | 62.1 p. 100 | 53.3 p. 100 |

Valeurs exprimées en livres sterling.

Voici maintenant les augmentations du commerce extérieur de la Nouvelle-Zélande pour la même décade de 1900 à 1910 :

| ANNÉES | IMPORTATIONS | EXPORTATIONS | COMMERCE global. |
|---|---|---|---|
| 1900. | 10.646.107 | 13.242.811 | 23.888.918 |
| 1910. | 17.047.682 | 22.175.436 | 39.223.118 |
| Augmentations. | 60.1 p. 100 | 67.4 p. 100 | 64.1 p. 100 |

Valeurs exprimées en livres sterling.

Enfin, en ce qui concerne le commerce de la France avec l'Australie, les autres îles de l'Océanie, la Nouvelle-Calédonie et les autres établissements français de l'Océanie, nous trouvons comme augmentations pour la même décade :

| ANNÉES | IMPORTATIONS | | EXPORTATIONS | | COMMERCE GLOBAL | |
|---|---|---|---|---|---|---|
| | Poids. | Valeurs. | Poids. | Valeurs. | Poids. | Valeurs. |
| 1900.............. | 971.840 | 113.825 | 282.013 | 25.799 | 1.253.853 | 139.124 |
| 1910.............. | 2.929.852 | 269.658 | 340.256 | 25.823 | 3.270.108 | 295.481 |
| Augmentations... | 201.5 p. 100 | 137.9 p. 100 | 20.6 p. 100 | 0.093 p. 100 | 160.8 p. 100 | 112.3 p. 100 |

Valeurs exprimées en milliers de francs et poids en quintaux métriques.

Il résulte des chiffres ci dessus que l'accroissement de 26,08 p. 100 prévu par M. Johnson de 1910 à 1915 pour le mouvement de navigation en provenance ou à destination de l'Océanie ne paraît pas exagéré.

En 1915, le tonnage net enregistré des navires en provenance ou à destination des contrées de l'Océanie qui pourraient avantageusement utiliser le canal de Panama, serait donc :

Navires à destination ou en provenance :

| | Tonnes nettes enregistrées. |
|---|---|
| Des ports français.................... | 94.403 |
| Des autres ports européens...:...... | 1.108.442 |
| Des ports de la côte Est des Etats-Unis............................... | 656.118 |
| Total du tonnage net enregistré. | 1.858.963 |

Le tonnage net enregistré du mouvement de navigation entre Panama et l'Océanie serait donc en 1915 d'environ 1,850,000 tonnes nettes enregistrées. Il est utile de rapprocher ces chiffres de ceux du mouvement de navigation dans le détroit de Magellan, 1909-1910 : 3,118,400 tonnes nettes.

Nous ferons remarquer qu'en ce qui concerne ce travail, les chiffres ne peuvent servir qu'à donner une idée de l'importance du mouvement de navigation entre Panama, la Nouvelle-Zélande et l'Australie.

Nous ne pourrons les utiliser dans la suite de ce rapport. Il est impossible de prévoir, dès maintenant, comment se répartira ce tonnage sur les différentes routes que suivront les navires de Panama en Australie et *vice versa*. On ne peut donc connaître la valeur du tonnage qui passera à proximité de Tahiti, sur les routes directes Panama-Australie ou Panama-Nouvelle-Zélande. Personne ne peut dire la proportion de ce tonnage qui pourra être amenée à faire escale à Papeete et encore moins le nombre de tonnes qui auront besoin de s'y ravitailler en charbon. J'estime qu'il est absolument impossible de donner des chiffres reposant sur une base sérieuse.

### CHAPITRE II

DIFFÉRENTES ROUTES QUI PEUVENT ÊTRE SUIVIES PAR LES NAVIRES POUR ALLER DE PANAMA EN NOUVELLE-ZÉLANDE, EN AUSTRALIE ET DANS LES AUTRES ILES DE L'OCÉANIE

Les navires allant de Panama en Australie pourront s'y rendre de différentes façons.

1° Quelques cargos, quittant Panama ou l'Australie avec un chargement complet, prendront le plus court chemin qui est l'arc de grand cercle Panama-Sydney, passant sensiblement par Auckland et coupant le méridien de Tahiti, à peu près au 33° de latitude Sud. La distance Panama-Sydney est de 7,674 milles. Un cargo de 2.927 tonnes nettes enregistrées, d'une vitesse de 10 n. 25, brûlant 38 tonnes de charbon par jour, devra prendre à Panama ou à Sydney environ 1.200 tonnes. Un tel approvisionnement de charbon est d'une pratique courante dans la grande navigation. Des navires du même tonnage, allant de New-York au Japon et retour, charbonnent à Alger, Sabang, Moji, Port-Saïd et Alger. D'Alger à Sabang il y a environ 6,000 milles.

Les navires de la même compagnie vont aux Philippines et retour, charbonnent à Alger, Sabang, Sabang, Port-Saïd et Alger.

Les bateaux d'une autre compagnie américaine qui vont de New-York au Japon et retour charbonnent à Port-Saïd, au Japon et à Port-Saïd. Or de Port-Saïd au Japon il y a plus de 8,000 milles.

| | Tonnes de charge |
|---|---|
| Des navires allant de New-York à Callao, par le détroit de Magellan, quittant New-York avec ........................... | 1.400 |
| A Coronel pour aller à Callao et retour.. | 950 |
| Complètent à Coronel.................... | 1.000 |
| Complètent à Montevideo................. | 620 |
| Complètent à Sainte-Lucie............... | 400 |

et arrivent à New-York, pratiquement les soutes vides. Or de New-York à Coronel il y a environ 8,350 milles.

2° Des cargos pourront également se rendre en Australie, en faisant escale en Nouvelle Zélande. La route directe Panama-Wellington coupe le méridien de Tahiti environ au 39° de latitude Sud. La distance Panama-Wellington est de 6,505 milles. De Wellington à Melbourne 1.508 milles et à Sydney 1,234 milles. Dans ce cas, la distance Panama-Sydney serait d'environ 7,739 milles. Mais l'avantage de cette route sur la précédente est de pouvoir fournir un fret complémentaire dans l'important port de Wellington :

3° Les navires pourront également se rendre de Panama à Sydney, en faisant escale à Tahiti :

| De Panama à Tahiti (à travers les Tuamotu)................................. | 4.486 milles. |
|---|---|
| De Tahiti à Sydney................ | 3.308 — |
| Distance totale........ | 7.794 milles. |

D'après la carte du service hydrographique de la marine américaine, l'escale à Tahiti sur la route Panama-Sydney occasionnerait un déroutement de 120 milles, en passant à tra vers les Tuamotu.

Mais il est très probable que les navires qui voudront faire escale à Papeete contourneront les Tuamotu au nord ouest. L'éclairage d'un chenal à travers l'archipel dangereux coûterait très cher et il n'est pas certain qu'il serait utilisé par la navigation, à cause des primes élevées qu'imposeraient les compagnies d'assurances.

L'escale à Tahiti, sur la route Panama-Sydney et *vice versa*, en contournant les Tuamotus au nord-ouest exige un déroutement de 275 milles. Ce chiffre nous a été donné par le commandant de la *Zélée*, qui a fait faire le calcul par ses officiers. Ils ont trouvé que l'escale à Rapa allongerait la route de 50 milles et qu'en faisant escale à Papeete, après avoir contourné les Tuamotu au Nord-Ouest, on aurait un déroutement supplémentaire de 225 milles par rapport à la route passant par Rapa.

Le commandant Bienaymé nous a également indiqué qu'en suivant la route directe de Panama à Tahiti, à travers les Tuamotu, au nord de Fakacawa, on aurait un avantage de 70 milles sur la route précédente. Dans ce cas, le déroutement par rapport à l'arc de grand cercle ne serait plus que de 205 milles.

Or, nous avons vu plus haut, que d'après la carte du service hydrographique de la marine américaine, le déroutement ne serait que de 120 milles. Cette divergence de chiffres fournis par deux services compétents français et américains, tient probablement à ce que le service hydrographique américain n'a pas tenu compte de l'allongement de la route nécessaire pour contourner Tahiti ou la Nouvelle-Zélande.

4° Une autre route de Panama en Australie comprend une escale à Tahiti et une escale à Wellington, qui est le port le plus important de la Nouvelle Zélande :

| De Panama à Tahiti (à travers les Tuamotu)................................. | 4.486 milles. |
|---|---|
| De Tahiti à Wellington.......... | 2.348 — |
| De Wellington à Sydney........ | 1.234 — |
| | 8.068 milles. |

La distance Panama-Wellington par Tahiti serait de 6,834 milles. Comme la route suivant l'arc de grand cercle de Panama à Wellington est de 6,505 milles, le déroutement exigé par une escale à Tahiti, dans le voyage Panama-Wellington Australie, est donc de 329 milles.

Si dans le trajet Panama-Tahiti et *vice versa* les navires contournent les Tuamotu au Nord-Ouest, comme c'est probable, le déroutement sera encore augmenté de 70 milles et sera de 399 milles.

5° Les navires qui iront de Panama en Nouvelle-Zélande et en Australie pourront suivre la route Panama-Tahiti-Auckland-Sydney :

| Panama Tahiti (à travers le Tuamotu)................................. | 4.486 milles |
|---|---|
| Tahiti Auckland.................. | 2.216 — |
| Auckland-Sydney............... | 1.284 — |
| Total.................... | 7.996 milles |

Cette route ne présente qu'un avantage de 72 milles sur la précédente.

En contournant les Tuamotu au Nord, les navires allongeront leur route de 70 milles, ce qui portera la distance Panama-Tahiti-Auckland-Sydney à 8,066 milles.

Mais il y a lieu d'envisager aussi que les navires qui vont de Panama en Nouvelle-Zélande et en Australie pourront suivre des routes bien moins directes que les cinq mentionnés ci-dessus.

« L'ouverture du canal de Panama renforcera les raisons que les vaisseaux, quittant les côtes d'Australie, auront d'aller chercher des chargements sur les côtes Ouest de l'Amérique du Nord et de l'Amérique du Sud. » (Johnson *Panama Canal Traffic and Tolls* p. 69.)

L' « Act » voté par la Chambre des représentants et le Sénat et ratifié par le président Taft accorde la dispense de tout droit, sur le canal de Panama, au cabotage américain. Le cabotage américain (Coast trade) ne désigne pas, comme en Europe, la navigation de port à port dans les limites strictes du territoire national : L'existence du littoral de l'Atlantique et de celui du Pacifique suffirait déjà à donner à ce terme une extension disproportionnée. Un navire qui, partant de Boston ou de New-York, double le cap Horn pour se rendre à San-Francisco ou à Portland est classé comme caboteur. Mais la jurisprudence américaine n'établit point la juste distinction que fait la loi française entre le grand et le petit cabotage, selon qu'il s'agit de passer de port à port sur le littoral continental ou de se rendre d'un de ces ports dans une colonie, avec retour au point de départ ou ailleurs. Un bâtiment américain partant de New-York et se rendant aux Philippines pour retourner à San-Francisco est classé comme caboteur. Il y a plus, un récent jugement de la cour fédérale suprême reconnaît la même qualité à un navire partant d'un port de l'Atlantique, passant par le canal de Suez, touchant en route à Colombo ou ailleurs et se rendant finalement à un port du Pacifique. Dans ces conditions, tout au moins pour les navires naviguant sous pavillon américain, qui auront intérêt à être inscrits comme caboteurs, on doit envisager comme routes possibles entre Panama et l'Australie le passage par San-Francisco les Hawaï, les Samoa et même, soit à l'aller, soit au retour, le passage par Valparaiso.

6° Certains cargos passeront donc par San-Francisco, Honolulu, Samoa. La distance à parcourir dans ce cas est de :

| Panama à San-Francisco........ | 3.245 milles |
|---|---|
| San-Francisco à Honolulu...... | 2.091 — |
| Honolulu à Apia............... | 2.260 — |
| Apia à Sydney................. | 2.355 — |
| En tout....................... | 9.951 milles |

7° D'autres cargos pourront se rendre directement de Panama à Honolulu et de là iront à Sydney en faisant escale à Apia. La distance à parcourir est de :

Panama-Honolulu............. 4.685 milles
Honolulu à Apia............... 2.260 —
Apia à Sydney................. 2.365 —

En tout...................... 9.300 milles

8° Certains navires, soit à l'aller, soit au retour, pourront passer par Valparaiso et la Nouvelle-Zélande; la longueur de la route à parcourir est de :

Panama à Valparaiso........ 2.616 milles.
Valparaiso à Wellington...... 5.604 —
Wellington à Sydney, environ 1.200 —

Distance totale......... 8.880 milles.

D'autres navires enfin pourront passer par Paita, Callao (Pérou) et de là se rendre en Australie, soit directement, soit en faisant escale en Nouvelle-Zélande, aux Samoa ou aux Fidji.

## CHAPITRE III

### LES NAVIRES FERONT ILS ESCALE A TAHITI ?

C'est donc sur ces huit principales routes, que nous venons d'envisager, que circulera le courant de navigation entre Panama et l'Australie, courant que M. Johnson estime devoir être de 1.850.000 tonnes nettes enregistrées en 1915. Quel sera le tonnage qui passera par Tahiti ? Je ne vois pas comment on pourrait le calculer sérieusement. Tout ce que l'on peut affirmer, c'est que les paquebots et les bateaux mixtes transportant marchandises et passagers de Panama en Australie, qu'ils touchent ou ne touchent pas en Nouvelle-Zélande, feront escale à Tahiti.

J'estime en effet que si les paquebots qui iront en Nouvelle-Zélande et en Australie par la voie de Panama veulent avoir quelque chance de concurrencer ceux passant par la voie de Suez, ils seront obligés d'offrir une escale à leurs passagers au milieu du Pacifique. Or, il est incontestable qu'à bien des points de vue, c'est notre colonie qui est dans leurs meilleures conditions pour profiter de cette escale obligatoire des navires à passagers.

La vitesse des paquebots naviguant dans le Pacifique ne dépassera probablement pas d'ici longtemps 16 nœuds, celle des bateaux mixtes sera de 12 nœuds. Voici quelles seraient les durées des plus longues traversées par les routes les plus directes nos 1, 2, 3, 4 :

| DÉSIGNATION | DISTANCES | PAQUEBOTS à 16 nœuds. | BATEAUX mixtes à 12 nœuds. |
|---|---|---|---|
| *Route n° 1.* — Panama-Sydney............... | 7.520 | 19 j. 14 h. | 26 j. 8 h. |
| *Route n° 2.* — Panama-Wellington............ | 6.505 | 16 j. 23 h. | 22 j. 14 h. |
| *Route nos 3, 4.* — Panama-Tahiti............. | 4.486 | 11 j. 17 h. | 15 j. 14 h. |

Aucune compagnie de navigation ne voudra imposer à ses passagers des traversées de dix-sept à vingt jours, alors que par une escale agréable, qu'ils sauront très certainement apprécier, elle peut réduire la plus longue traversée à douze jours à peine : c'est la durée de la traversée actuelle entre San-Francisco et Tahiti, par les navires de l'Union Steam Ship C° of New Zeland.

Les durées des voyages Panama-Sydney par les routes nos 3 et 4 seraient :

| DÉSIGNATION | DISTANCES | PAQUEBOTS à 16 nœuds. | BATEAUX mixtes à 12 nœuds. |
|---|---|---|---|
| *Route n° 3.* | | | |
| Panama-Tahiti............. | 4.486 | 11 j. 17 h. | 15 j. 14 h. |
| Escale à Tahiti............. | » | 24 h. | 24 h. |
| Tahiti-Sydney............. | 3.308 | 8 j. 15 h. | 11 j. 12 h. |
| Totaux............. | 7.794 | 21 j. 8 h. | 28 j. 2 h. |
| *Route n° 4.* | | | |
| Panama-Tahiti............. | 4.486 | 11 j. 17 h. | 15 j. 14 h. |
| Escale à Tahiti............. | » | 24 h. | 24 h. |
| Tahiti-Wellington............. | 2.848 | 6 j. 3 h. | 8 j. 4 h. |
| Escale à Wellington............. | » | 24 h. | 24 h. |
| Wellington-Sydney............. | 1.200 | 3 j. 3 h. | 4 j. 4 h. |
| Totaux............. | 8.034 | 22 j. 23 h. | 29 j. 22 h. |

Si les bateaux à passagers passaient par la route n° 7 (Panama-Honolulu-Apia et Sydney) les durées des traversées et du voyage seraient :

| DÉSIGNATION | DISTANCES | PAQUEBOTS à 16 nœuds. | BATEAUX mixtes à 12 nœuds. |
|---|---|---|---|
| *Route n° 7.* | | | |
| Panama-Honolulu............. | 4.685 | 12 j. 5 h. | 16 j. 7 h. |
| Escale à Honolulu............. | » | 24 h. | 24 h. |
| Honolulu-Apia............. | 2.260 | 5 j. 20 h. | 7 j. 19 h. |
| Escale à Apia............. | » | 24 h. | 24 h. |
| Apia-Sydney............. | 2.355 | 6 j. 4 h. | 8 j. 4 h. |
| Totaux............. | 9.300 | 26 j. 5 h. | 34 j. 6 h. |

Cette route ne donnerait pas de traversées beaucoup plus longues que la route n° 4. Le voyage total durerait trois bonnes journées de plus. L'avantage de desservir les Hawaï, qui ont 200,000 habitants et un commerce extérieur de 350 millions, serait illusoire, car cette ligne ne pourrait jamais concurrencer celles de San-Francisco, qui n'imposent qu'une traversée de cinq jours et demi (2,091 milles) à leurs passagers.

Les Allemands ont, aux Samoa, une colonie, à peu près de la même importance que l'Océanie française, les Américains y ont un dépôt de charbon pour leur marine de guerre. Voyons quelles seraient la durée des traversées pour des navires qui iraient directement de Panama Apia (5,740 milles

| DÉSIGNATION | DISTANCES | PAQUEBOTS à 16 nœuds. | BATEAUX mixtes à 12 nœuds. |
|---|---|---|---|
| *Route n° 8.* | | | |
| Panama-Apia................................ | 5.710 | 14 j. 21 h. | 19 j. 20 h. 24 h. |
| Escale à Apia............................ | » | | 24 h. |
| Apia Sydney.............................. | 2.355 | 6 j. 4 h. | 8 j. 4 h. |
| Totaux................................ | 8.065 | 22 j. 1 h. | 29 j. |

Cette ligne aurait le grand inconvénient d'imposer une traversée d'au moins quinze jours à ses passagers. Actuellement, la plus longue traversée sur les lignes de paquebots est celle de Yokohama à San-Francisco pendant l'hiver, soit 4,799 milles. J'estime donc que l'avantage reste encore aux routes n°⁵ 3 et 4, qui comprennent l'escale à Tahiti.

Une ligne de paquebots allant directement de Panama aux Fidji (6,300 milles environ), serait dans de plus mauvaises conditions que celle allant directement à Wellington. Elle imposerait à ses passagers une traversée d'au moins dix-sept jours et, si elle passe par Wellington, elle allongerait sa route de 1,884 milles pour desservir les Fidji, une colonie de peu d'importance : 120,000 habitants, dont 2,000 Européens et 20 millions de commerce extérieur.

A mon sens, si les Allemands, les Américains, les Anglais créent des lignes de paquebots allant en Nouvelle Zélande et en Australie et desservant les Samoa et les Fidji, il y a beaucoup de probabilités pour que ces lignes comprennent une escale à Tahiti.

L'escale à Tahiti, pour un navire allant de Panama à Apia, exige un déroutement de 77 milles. Le déroutement est à peu près le même pour un navire se rendant de Panama à Levuka (Fidji).

Les navires qui prendront la route n° 4 Panama-Tahiti-Wellington-Sydney, auront un déroutement de 329 milles, de Panama à Wellington, pour toucher Tahiti. Nous supposons donc que les navires se rendront à Tahiti par le chemin le plus direct, à travers les Tuamotu ; ce n'est pas la route que prendront les navires, dans les premières années qui suivront l'ouverture du canal, mais il peut se faire qu'ils la prennent un jour et nous avons tenu à nous placer dans les conditions les plus favorables pour Tahiti. Nous allons examiner ce que leur coûtera une escale dans notre colonie, de douze heures pour les cargos et de vingt-quatre heures pour les paquebots. Nous prendrons trois types de bateaux *Maroni, Guadeloupe, Flandre,* de la Compagnie générale transatlantique. Nous supposerons que ces bateaux payent dans le port de Papeete, un droit unique de 30 centimes par tonneau de jauge nette, comptée comme à Panama.

Coût d'une escale à Papeete pour un cargo type *Maroni.* Vitesse, 10 nœuds, déplacement, 5,000 tonnes; jauge brute, 1,944 02; jauge nette, 1,244; coût en marche : 1,200 fr. par vingt-quatre heures; coût sur rade, 680 fr. par vingt-quatre heures; dépense, 25 tonnes de charbon par jour.

Un déroutement de 329 milles exige trente-trois heures à 10 nœuds, soit une dépense de

$$\frac{1.200\times33}{24} = \ldots\ldots\ldots\ldots \quad 1.650 \text{ »}$$

Une escale de douze heures coûte

$$\frac{680\times12}{24} = \ldots\ldots\ldots\ldots \quad 340 \text{ »}$$

Droits de port 30 centimes $\times$ 1,244 = 373 20

Frais d'escale................ 2.363 20

Voyons maintenant la perte que ce bateau éprouverait s'il était obligé de charbonner à Papeete et d'y prendre le combustible nécessaire pour la traversée Tahiti Wellington.

A Colon, d'après M. Johnson, les navires pourront obtenir du charbon de bonne qualité à 23 fr. 80. Je crois qu'à Papeete, on ne pourra pas vendre l'australien de Newcastle à moins de 35 fr , soit 11 fr. 20 de plus (prix basés sur les cours de 1912) (1).

Pour la traversée Colon Tahiti 4,529 milles, le navire a brûlé $\frac{4.529\times25}{10\times24} = 472$ tonnes.

Pour Tahiti-Wellington il lui en faudra :

$$\frac{2.348\times25}{10\times24} = 245 \text{ tonnes.}$$

Il aurait donc dû prendre à Colon 717 tonnes, soit 750 tonnes pour aller à Wellington. S'il doit prendre à Papeete le nécessaire pour la traversée Tahiti-Wellington il perdra de ce fait : 11.20 $\times$ 245 2.744 fr.

Dans ce cas, l'escale lui reviendra à 5,107 fr. 20. On voit donc qu'excepté le cas très exceptionnel où un cargo aura dû quitter Colon avec ses soutes incomplètes, par suite d'un trop fort chargement, ce qui ne paraît pas être dans la pratique actuelle des armateurs, il aura besoin de trouver moins de fret à Papeete s'il n'y charbonne pas puisque dans ce cas sa dépense d'escale sera réduite de 54 p. 100 environ.

Coût d'une escale à Papeete pour un paquebot type *Guadeloupe.* — Vitesse, 14 nœuds. Déplacement, 7,000 tonnes. Jauge brute, 2,974. Jauge nette, 1,903. Coût en marche, 5,700 fr. par vingt-quatre heures. Coût sur rade, 3,300 fr. par vingt-quatre heures. Consomme 104 tonnes de houille par jour.

Un déroutement de 329 milles occasionne une perte de temps de $\frac{329}{14} = 24$ heures environ.

Soit donc de ce fait une dépense de. 5.700 »

L'escale dans le port de Papeete, à cause des passagers, sera de vingt-quatre heures, soit donc une dépense de............... 3.300 »

Droits de port 0.30 $\times$ 1,903......... 570 00

Frais d'escale............... 9.570 90

-(1) Le prix actuel du charbon à Newcastle (Australie) est de................... 12 s.
De renseignements puisés à bonne source, il résulte qu'on ne peut espérer voir le prix du fret pour le charbon, de Newcastle à Tahiti, baisser au-dessous de................... 18
Le charbon rendu sur navire à Papeete coûterait donc................... 30 s. soit 37 fr. 50.
Ce prix paraît un minimum. Dernièrement, une compagnie de navigation qui a été obligée d'en décharger à Tahiti, estimait qu'une maison de la place avait abusé des circonstances parce qu'elle n'avait pas voulu payer en charbon plus de 37 fr. 50 !
A ces................... 37 50
il faut ajouter les frais de chargement et de déchargement. En admettant que l'entreprise de charbonnage soit aussi bien outillée que la « Havana Coal C° », on doit ajouter 80 centimes, d'après les renseignements qui nous ont été donnés. 0 80
Et, si le charbon supporte les mêmes charges à Papeete ou à Sainte-Lucie, il faut encore ajouter 2 fr. au prix de revient................... 2 »
Enfin, en admettant que l'entreprise veuille se contenter seulement de 5 fr. par tonne pour couvrir intérêt et amortissement du capital nécessaire à son installation et à avoir un très faible bénéfice................... 5 »

Dans ces conditions, le prix de vente du charbon à Papeete serait de........ 45 30

De Colon à Tahiti il aura brûlé :

$$\frac{4.529\times104}{14\times24} = 1402 \text{ tonnes.}$$

Pour la traversée Tahiti Wellington il lui faudra :

$$\frac{2.348\times104}{14\times24} = 727 \text{ tonnes.}$$

Il aurait donc dû prendre à Colon 2,129 tonnes.

Si ce bateau prenait à Tahiti le charbon nécessaire pour aller en Nouvelle-Zélande, il perdrait de ce fait :

$$11.20\times727 = 8.142\ 40$$

Et, dans ce cas, l'escale lui reviendrait à 17,713 fr. 30.

En ne charbonnant pas à Papeete, sa dépense d'escale sera réduite de 46 p. 100 environ.

Les paquebots de l'Union Steamship Cº of New-Zeland, qui font actuellement le service San-Francisco-Tahiti-Wellington-Sydney et retour, un parcours presque aussi important que Colon-Tahiti-Wellington-Sydney (869 milles de plus), ne charbonnent jamais à Tahiti, où actuellement la compagnie française des phosphates de l'Océanie possède un stock de 4,500 tonnes de Newcastle, avec lequel elle serait bien aise de faire des fournitures aux navires.

L'*Aorangi,* qui marche à 13 nœuds et brûle 80 tonnes par jour, prend tout son charbon en Nouvelle-Zélande et en Australie, et ce n'est que très exceptionnellement qu'il complète ses soutes à San Francisco, avec du charbon de la Colombie britannique qu'il paye plus de 40 fr. la tonne.

Coût d'une escale à Papeete pour un paquebot type *Flandre.* Vitesse 16 nœuds. Déplacement, 11,000 tonnes. Jauge brute calculée, 4,730. Jauge nette calculée, 3,027. Coût en marche, 8,100 fr. par vingt-quatre heures. Coût sur rade, 4,200 fr. par vingt-quatre heures. Brûlera 168 tonnes de charbon par jour.

Perte de temps occasionnée par un déroutement de 329 milles : $\frac{329}{16} = 21$ heures environ,

Donc de ce fait une dépense de

$$\frac{8.100\times21}{21} = \ldots\ldots\ldots\ldots \quad 7.087\ 50$$

L'escale dans le port de Papeete sera de vingt-quatre heures, soit donc une dépense de............... 4.200 »

Droits de port : 0 fr. 30 $\times$ 3,027 = 908 10

Frais d'escale............... 12.195 60

Charbon nécessaire pour la traversée Colon-Tahiti : $\frac{4.529\times168}{16\times24} = 1,981$ tonnes.

Pour Tahiti-Wellington : $\frac{2.348\times168}{16\times24} = 1,027$ tonnes.

Il lui faudrait donc prendre plus de 3,000 tonnes à Colon ; c'est beaucoup.

Le charbonnage à Tahiti lui occasionnera une dépense supplémentaire de 11.20 $\times$ 1,027 = 11,502 francs 10.

En prenant, à Papeete, le charbon nécessaire pour la traversée Tahiti Wellington, la dépense totale d'escale sera de 23,698 fr. S'il pouvait ne pas charbonner à Papeete il réduirait ses dépenses d'escale de près de 49 p. 100.

Malgré le coût élevé des escales à Tahiti pour les paquebots, les compagnies de navigation seront obligées de les subir, pour ne pas imposer une traversée d'une durée excessive à leurs passagers. Elles réduiront ces frais le plus possible en évitant de charbonner et en prenant le fret qu'elles pourront trouver.

Dans les milieux maritimes, on pense que la Hambourg Americ, qui va de l'avant, sera la première à établir une ligne de paquebots de Panama sur l'Australie. Qu'il y ait aussi une ligne anglaise, une américaine et peut-être une française qui irait aussi en Nouvelle-Calédonie, c'est peut-être beaucoup, dès le début, même si ces compagnies n'avaient qu'un service mensuel, comme c'est probable.

Le mouvement du port de Papeete dans ces trois dernières années a été de :

| ANNÉES | ENTRÉES | | SORTIES | | TOTAL des entrées et sorties des marchandises. |
|---|---|---|---|---|---|
| | Tonnage des navires. | Tonnage des marchandises. | Tonnage des navires. | Tonnage des marchandises. | |
| 1909 | 87.388 | 22.017 | 87.288 | 23.303 | 45.320 |
| 1910 | 17.705 | 23.544 | 118.390 | 22.571 | 46.115 |
| 1911 | 166.588 | 29.204 | 164.513 | 35.380 | 61.784 |

La très grosse augmentation pour 1911 tient : 1º au service régulier de l'Union Steam Ship C° of New-Zeland, qui a un service tous les vingt-huit jours entre San-Francisco, Tahiti, Wellington et Sydney et un service mensuel par le « Talune » Nouvelle Zélande Iles-sous le Vent-Tahiti ; 2º à la création de la ligne de la compagnie navale de l'Océanie qui, tous les deux mois, a un bateau qui dessert Anvers, Calais, Bordeaux, cap de Bonne Espérance, Australie, Nouvelle-Caledonie, Tahiti, Montevideo, Saint-Nazaire, Anvers.

A part quelques voiliers qui apportent des chargements de bois de construction et quelques affrétés par la compagnie française des phosphates de l'Océanie qui lui apportent des provisions, du matériel et emportent du phosphate, tout le mouvement commercial extérieur de la colonie passe par les navires des deux compagnies ci-dessus.

Le commerce extérieur des établissements français de l'Océanie a beaucoup progressé dans ces dernières années, comme le montre le tableau ci dessous :

| ANNÉES | IMPORTATIONS | EXPORTATIONS | TOTAUX |
|---|---|---|---|
| 1905 | 3.028.161 | 3.062.659 | 6.090.780 |
| 1906 | 2.746.283 | 3.716.804 | 6.463.084 |
| 1907 | 3.331.810 | 3.639.954 | 6.961.764 |
| 1908 | 3.867.863 | 3.145.326 | 7.013.189 |
| 1909 | 4.612.930 | 5.051.442 | 9.664.372 |
| 1910 | 5.659.367 | 6.031.289 | 11.690.656 |
| 1911 | 7.205.630 | 7.519.119 | 14.725.769 |

En admettant que dans les années suivantes le mouvement commercial extérieur suive la même progression, les paquebots que nous comptons comme faisant probablement escale à Tahiti, dès 1915, y suffiront amplement et il n'y aura guère de fret à la disposition des cargos de passage.

La compagnie française des phosphates de l'Océanie a l'intention d'établir un dépôt de phosphates à Papeete. Ce serait pour permettre aux cargos de passage de pouvoir compléter leur chargement à Tahiti, sans avoir le dérangement d'aller à Makatea, pour quelques centaines de tonnes, ce qu'ils ne feraient certainement pas. La compagnie des phosphates pense pouvoir expédier, par l'intermédiaire du port de Papeete, le tiers de sa production, qui selon elle atteindra assez rapidement son maximum, 200,000 tonnes. Si ce projet pouvait réussir, il y aurait donc 70,000 tonnes de fret en plus par année, dans le port de Papeete, à la disposition des cargos. Ce serait certainement ce qui pourrait contribuer le plus au succès d'un port d'escale à Tahiti. Mais est ce bien réalisable ? Je n'y crois pas beaucoup, car c'est vraiment trop de ma nutentions pour un produit qui, frais de transport déduits, est vendu bon marché. La compagnie des phosphates prétend qu'elle réalisera facilement son projet en remplaçant son vapeur *Cholita* par un petit cargo de 4,000 tonnes environ ; dans ces conditions, le prix de revient de son phosphate passant par le dépôt de Papeete ne serait pas augmenté de plus de 5 à 6 fr.

Donc, escale probable des paquebots à Tahiti, mais peu de chance d'y voir des cargos, à moins que le projet de la compagnie française des phosphates ne réussisse.

S'il y avait un port à l'île Rapa, qui est environ à 50 milles de l'arc de grand cercle Panama Sydney, les cargos n'auraient à coup sûr aucune raison d'y aller. Quant aux paquebots, malgré la grande économie qu'ils pourraient faire, j'estime qu'ils préféreraient encore Papeete, qui sera un délassement après une longue traversée, à Rapa qui ne pourrait qu'ajouter aux ennuis de la navigation.

La mission est allée visiter Port Phaéton, dans la presqu'île de Taravao. Si tout était à faire, aussi bien qu'à Port-Phaéton, je crois qu'au point de vue port de commerce, il ne faudrait pas hésiter : c'est Papeete qu'il faudrait choisir. La passe est bien plus facile à améliorer, et il y a beaucoup moins de frais à faire pour la construction des quais.

Certains proposent comme point d'escale la baie de Maroe, dans l'île Huahine (Iles-sous-le Vent), à 90 milles de Tahiti. Le déroutement serait encore plus grand que pour Papeete, puisque l'île de Huahine est au nord ouest de Papeete et les navires auraient encore moins de raisons de s'y arrêter qu'à Tahiti.

Les îlots de Manga Reva dans les Gambiers, qui sont situés par 137º15' de longitude Ouest et par 23º10' de latitude Sud, sont au moins aussi bien placés que l'île Rapa, par rapport à l'arc de grand cercle Panama-Sydney. Mais ces îlots présenteraient pour une escale les mêmes inconvénients que Rapa ; ils sont encore plus éloignés de Tahiti : 900 milles environ les séparent du centre commercial et politique de nos établissements de l'Océanie.

Les Anglais possèdent dans ces parages l'île Pitcairn située par 132º30' de longitude ouest et 26º 5' de latitude sud dans les Sporades Australes, à 1,200 milles de Tahiti. C'est un rocher assez élevé de 305 mètres d'altitude. Incontestablement c'est cet îlot qui est le mieux situé par rapport à la route directe Panama-Sydney, puisque l'arc de grand cercle Panama-Sydney coupe le méridien de Pitcairn à 1º dans le Sud environ. Je pense qu'il doit être impossible d'y construire un port à cause des grands fonds et Papeete n'a rien à craindre de la concurrence éventuelle de Pitcairn.

Sur la route de Papeete à Sydney, à 615 milles de Tahiti, dans l'archipel de Cook, colonie anglaise, se trouve l'île de Raratonga, avec ses ports d'Avatire et d'Avarua. Ce sont des petites coupures dans les récifs de coraux qui entourent l'île ; elles ne peuvent servir de refuge à de grands navires. En raison des grands fonds, la construction d'un véritable port pouvant recevoir tous les navires susceptibles de traverser le canal de Panama, est impossible à Raratonga.

Le port de Papeete est donc en réalité le mieux placé pour servir de point de relâche au milieu du Pacifique et si le besoin d'escale existait réellement, ce serait sans doute Papeete qui serait choisie. Notre escale des établissements français de l'Océanie n'aura jamais à craindre la concurrence d'un port d'escale voisin si la France garde la possession de Rapa, des Gambiers et des îles Sous le-Vent.

## CHAPITRE IV

### LES NAVIRES CHARBONNERONT-ILS A TAHITI ?

Si les cargos viennent à Tahiti pour y prendre du fret, ils n'y charbonneront pas, sauf dans des cas exceptionnels, car la pratique actuelle des compagnies de navigation est d'éviter autant que possible les dépôts de charbon, où il est cher, ce qui certainement sera le cas de Papeete.

Pour des cargos, des navigations de 6,000 milles et plus sont courantes actuellement, surtout quand, aux ports extrêmes, on peut trouver du charbon à bon compte.

Les vapeurs de la compagnie navale de l'Océanie quittent Anvers avec un millier de tonnes de charbon et vont d'Europe à Durban, soit environ 6,900 milles.

A Durban, ils prennent également un millier de tonnes et vont à Sydney, soit au moins 6,000 milles.

A Sydney, ils prennent un approvisionnement de 1,400 tonnes pour atteindre Montevideo en passant par Nouméa et Tahiti, soit une course d'environ 9,000 milles.

La compagnie générale transatlantique inaugurera prochainement un nouveau service mensuel par vapeurs de charge sur le Mexique. Ces vapeurs partiront du Havre et desserviront : Tampico, Vera Cruz, Puerto-Mexico, assurant ainsi un acheminement rapide aux marchandises pour le Mexique, ainsi qu'à celles destinées aux ports du Pacifique, empruntant la voie de Tehuantepec. Le retour s'effectuera de Puerto Mexico directement sur le Havre ; toutefois pendant la saison des cafés en Haïti (c'est à-dire quand il y aura du fret assuré) les navires seront susceptibles de faire escale dans un ou deux ports de cette contrée. Il sera affecté à cette ligne des vapeurs représentant un déplacement d'environ 13,000 tonnes. Or, de Puerto Mexico au Havre, il y a au moins 5,000 milles.

Actuellement la plupart des navires qui vont de l'est des Etats-Unis en Extrême-Orient quittent New-York avec un approvisionnement suffisant pour gagner un port de la Méditerranée ou le canal de Suez. Ils prennent suffisamment de charbon à Port Saïd (quelquefois à Suez) pour se rendre à Singapore. Quelques-uns cependant prenne du charbon à Périm, Aden ou Colombo.

Les navires qui vont en Australie peuvent, ou prendre suffisamment de charbon soit à Port-Saïd, Suez ou Aden, pour gagner un port d'Australie où ils trouvent du charbon du pays, ou prendre une petite provision au canal de Suez ou à Aden et remplir leurs soutes dans un dépôt de l'océan Indien.

Les navires qui vont de New-York en Australie, par le cap de Bonne-Espérance, charbonnent quelquefois, mais rarement, à Saint-Vincent (îles du Cap-Vert). Ordinairement, ils prennent suffisamment de charbon à New-York pour gagner autant que possible Durban ou le Cap (au moins 6,800 milles), où ils prennent du charbon pour aller en Australie.

Durban est en dehors de la route du Cap à l'Australie ; cependant, beaucoup de navires y font escale à cause du bon marché du charbon, qui vaut de 15 à 18 fr. la tonne anglaise. Au Cap, au contraire, il vaut de 30 à 32 fr. la tonne.

« La pratique habituelle des navires, partant des ports de la côte Est des Etats-Unis, pour se rendre à un point quelconque de la côte Ouest de l'Amérique du Sud, est de prendre suffisamment de charbon au port de départ pour se rendre à Coronel (8,342 milles de New-York) où il y a un approvisionnement de mauvais charbon du Chili (1 t. 1/3 pour une tonne de Cardiff). Les navires pourraient charbonner à Sainte Lucie, à Saint-Thomas ou à Montevideo, mais le prix des charbons américains et anglais dans ces dépôts est si élevé que la plupart des compagnies de navigation sacrifient sur l'espace réservé au chargement, ce qui peut être nécessaire pour mettre le charbon exigé pour la traversée jusqu'à Coronel. » (Johnson *Panama Canal Traffic and Tolls*, p. 86).

Pour le retour aux côtes Est de l'Amérique du Nord les navires ne prennent que peu de charbon à Coronel. Le chilien qui vaut 25 sh. environ est de mauvaise qualité, l'anglais et l'australien sont trop cher (35 sh.). Les navires charbonnent à Montevideo. Une quantité suffisante est prise pour aller à Sainte-Lucie, et l'on complète l'approvisionnement nécessaire pour gagner les côtes Est des Etats-Unis. A Sainte-Lucie le charbon est vendu 23 sh. et le charbonnage se fait très rapidement. Les navires peuvent aussi charbonner à Saint-Thomas.

Une importante compagnie américaine, qui arme un grand nombre de navires qui font le trafic entre New-York et les côtes Ouest de l'Amérique du Sud *via* Magellan, fait charbonner ses navires dans les mêmes conditions et les prix payés de 1905 à 1911 ont été New-York

15 sh., Chili 22 sh., Montevideo 36 sh., Sainte-Lucie 20 sh.

Tahiti ne sera même pas dans les conditions de Montevideo qui vend du charbon aux navires revenant du Chili, parce que le charbon à Coronel est de mauvaise qualité et cher. Aux deux extrémités de la route qui passe par Papeete se trouvera du charbon de bonne qualité et à bon compte : 23 fr. 80 à Colon et 18 fr. 60 à Sydney, qui est à 60 milles des mines de Newcastle. Les navires qui vont d'Europe à la côte Ouest de l'Amérique du Sud partent parfois avec du charbon en quantité suffisante pour gagner Coronel (à 8,709 milles de Liverpool) ; parfois ils complètent leur approvisionnement à Saint-Vincent ou Madère, où le charbon vaut 23 s. arrimé.

Tahiti ne sera pas non plus dans les conditions de Saint-Vincent ou de Madère, car il faudra y vendre le charbon beaucoup plus cher.

« Dans leur voyage des côtes de l'Atlantique des Etats-Unis à l'Australie et la Nouvelle-Zélande, les navires qui choisiront la route de Panama auront du charbon de bonne qualité et à bon marché, des côtes de l'Atlantique des Etats-Unis jusqu'au canal où ils pourront emplir leurs soutes avec suffisamment de charbon pour faire leur longue route jusqu'en Nouvelle-Zélande et en Australie : dans ces deux contrées le charbon du pays est à bon marché. Les vaisseaux ne charbonneront probablement pas entre le canal et la Nouvelle Zélande parce que les prix à Tahiti et dans les autres dépôts du milieu du Pacifique seront incontestablement élevés et l'approvisionnement du charbon probablement incertain. » (Johnson, *Panama Canal Traffic and Tolls*, p. 90).

Le charbon qui sera fourni aux navires à Papeete sera du charbon d'Australie, qui vaut 8 s. 6 d., soit 10 fr. 65 la tonne anglaise, pris à Newcastle. En Nouvelle-Zélande, il y a du charbon de meilleure qualité que le charbon d'Australie, c'est celui de Russel dans le nord de la Nouvelle-Zélande, mais il est réservé pour la marine anglaise. Aussi, dans la plupart des dépôts de charbon de la Nouvelle-Zélande on fournit du Newcastle aux prix ci-dessous :

A Wellington, 20 s. 6 d. la tonne, soit 25 fr. 65.
A Lyttleton, 21 s. 6 d. la tonne, soit 26 fr. 90.
A Auckland, 23 s. 9 d. la tonne, soit 29 fr. 65.
A Dunedin, 23 s. la tonne, soit 28 fr. 75.

On peut juger par ces prix, que celui de 35 fr. les 1,000 kilogr., que nous avons admis pour Papeete, ne serait pas exagéré : il sera très probablement dépassé.

« Pratiquement, chaque navire traversant le canal de Panama prendra son charbon, soit à Balboa, pour la raison qu'il n'y a pas de dépôt avec du charbon à bon marché vers le Nord et vers le Sud. Les navires allant vers l'Ouest et traversant le canal de Panama empliront leurs soutes, pour leurs longues courses, exactement comme les navires allant vers l'Est et traversant le canal de Suez s'approvisionnent complètement en combustible. soit dans un des dépôts de la Méditerranée, soit à Port-Saïd. » (Johnson, *Panama Canal Traffic and Tolls*, p. 95).

Les navires traversant le canal de Suez ont le choix entre les dépôts de la Méditerranée et Port-Saïd, le charbon vaut 4 s. de plus à Port-Saïd que dans les dépôts de la Méditerranée. Pour Panama, ce ne sera pas la même chose, le charbon sera meilleur marché à Cristobal et à Balboa que dans les dépôts de la mer des Antilles, puisque, sur le canal, il sera vendu par l'administration au prix de revient.

Ce n'est pas une raison, parce que Papeete se trouvera sur d'une route fréquentée, pour qu'on y vende beaucoup de charbon. Dans l'année 1909-1910, 3,148,400 tonnes nettes enregistrées passèrent par le détroit de Magellan, devant Punta-Arenas, sans déroutement, et pourtant, le commerce du charbon ne paraît pas y être très important : il n'y a qu'un stock de 4,000 tonnes (anglaises) en charbons du Pays de Galles et d'Australie.

## CHAPITRE V

ENQUÊTE AUPRÈS DES PRINCIPALES COMPAGNIES DE NAVIGATION FRANÇAISES CONCERNANT LE BESOIN D'UNE ESCALE ET D'UN RAVITAILLEMENT EN CHARBON A TAHITI, POUR LES NAVIRES ALLANT DE PANAMA EN NOUVELLE-ZÉLANDE ET EN AUSTRALIE ET *vice versa*.

Il ne m'a pas paru qu'il serait sage de me prononcer définitivement sur des questions



aussi importantes, sans avoir l'avis de ceux qui, à mon sens, sont le plus qualifiés pour les résoudre : les armateurs.

J'ai précisé mes questions par écrit et je suis allé moi-même porter mes lettres aux directeurs des chargeurs réunis, de la compagnie des messageries maritimes, de la compagnie navale de l'Océanie, de la compagnie générale transatlantique.

Le directeur des chargeurs réunis m'a dit que ces questions n'intéressaient pas sa compagnie. Sa réponse, en date du 16 novembre, me le confirme :

« Il ne nous est pas possible de donner notre avis sur l'opportunité de créer un dépôt de charbon à Tahiti. Notre compagnie consacrant actuellement tous ses efforts à l'amélioration et à l'extension des lignes qu'elle exploite dans les directions de l'Amérique du Sud, de la côte occidentale d'Afrique et de l'Indo-Chine (avec Haïphong comme port extrême) n'a pas étudié de services sur l'Australie ou sur les côtes Nord Ouest et Sud-Ouest d'Amérique.

« Nous ne pouvons donc vous fournir aucun renseignement utile sur la question de touchée à Papeete. Nous nous permettrons seulement de vous signaler que le comité central des armateurs de France, 73, boulevard Hauss mann, qui groupe les intérêts de tout l'armement français, serait peut-être à même de vous documenter sur les intentions de quelques-uns de nos collègues. Enfin nous vous signalons que la société commerciale d'affrètements et de commission, 28, rue de Châteaudun, qui possède des intérêts à Tahiti, nous a été signalée comme ayant procédé à l'étude de l'organisation d'une entreprise de charbonnage dans cette île. »

Je n'ai pu rencontrer le directeur de la compagnie des messageries maritimes, mais voici sa réponse datée du 18 novembre :

« Ainsi que vous le savez, notre compagnie ne dessert pas Tahiti. Cela vous expliquera que nous ne soyons pas en mesure de vous fournir les renseignements très particuliers que vous voulez bien nous demander au sujet de l'escale de Papeete et du dépôt de charbon qui pourrait y être installé. »

La compagnie navale de l'Océanie est actuellement la seule compagnie de navigation française dont les bateaux touchent à Tahiti. Elle sera vraisemblablement la première compagnie française qui utilisera le canal de Panama. Elle est évidemment très intéressée à voir installer à Papeete un dépôt de charbon avec un outillage très perfectionné, permettant en cas de besoin le ravitaillement de ses navires le plus rapidement et le plus économiquement possible.

Le président du conseil d'administration, M. Chavane, dans la réponse qu'il a bien voulu m'adresser, déclare très nettement qu'au point de vue de sa société, la constitution d'un dépôt de charbon à Papeete présente le plus grand intérêt. L'avis de la compagnie navale de l'Océanie étant absolument opposé au mien, je crois devoir donner ci-dessous la lettre de son président.

*M. Raymond Doucry, ingénieur des arts et manufactures, délégué du ministre du commerce à la mission d'études du canal de Panama.*

Paris, le 27 novembre 1912.

Monsieur,

Nous avons l'honneur d'accuser réception de votre lettre-questionnaire du 12 novembre, à laquelle nous sommes heureux de répondre.

Nos vapeurs font actuellement Anvers, Calais, Bordeaux, où ils prennent leurs chargements de sortie, touchant à Durban, pour refaire leurs soutes, puis à Sydney également pour charbonner, mais aussi pour déposer des marchandises en provenance d'Europe et en prendre d'autres à destination des ports suivants de leur itinéraire : Nouméa, Tahiti et Anvers. avec escales intermédiaires à Montevideo et Saint-Vincent pour charbonner, et éventuellement un port de France, notamment Saint-Nazaire. pour y déposer une partie de leur chargement.

Ils prennent environ un millier de tonnes de combustible en partant d'Europe, autant à Durban, Port-Natal, 1,400 tonnes à Sydney pour atteindre Montevideo, 400 à 450 dans ce port, et 300 à 350 à Saint Vincent.

Nous avons deux vapeurs en service, deux en construction, tous du même type :

Déplacement : 11,500 tonnes.
Force totale : 7.900 tonnes.
Force HP. : 2,400.
Vitesse : 12 nœuds, aux essais.
Vitesse : 9 nœuds 1/2 de moyenne en service chargé.
Jauge nette : 3,680 tonnes.
Soute fixe : 682 mètres cubes, 20 à 22 jours de navigation.
Soute de réserve : 550 mètres cubes, 15 à 16 jours de navigation.
Tirant d'eau complètement allège : 2 m. 65.
Tirant d'eau en pleine charge : 7 m. 70.

La constitution d'un dépôt de charbon à Tahiti présente à notre avis et à notre point de vue le plus grand intérêt, car dès le percement du canal, l'itinéraire ci-dessus indiqué sera modifié, nos deux points terminus étant Nouméa et Anvers, et les deux traversées étant effectuées par le canal.

Le charbon de Wellington est un charbon spécial de Nouvelle-Zélande, équivalent au meilleur Cardiff, et qui peut être considéré comme avantageux à 26 fr. A Sydney, le prix est de 12 à 14 fr. en soute. Nous considérerions les taux de 24 fr. au canal, et 35 à Tahiti comme très acceptables, et certainement avantageux, par rapport aux conditions de notre navigation actuelle.

Les 225 milles de déroutement pour toucher à Papeete, en allant de Panama à Sydney, seraient d'autant moins un obstacle à cette escale, nécessitée du reste par le charbonnage, que la navigation sera sur ce parcours sensiblement plus facile, étant donné le régime normal des vents.

Les paquebots faisant la traversée de Nouvelle-Zélande ou d'Australie à Panama, relâcheront très probablement tous à Tahiti, beaucoup moins pour l'agrément de leurs passagers, que pour la nécessité de ne pas accomplir 20 jours de navigation. sans refaire leurs soutes, sur de telles distances, des navires rapides consommant des quantités voisines de leur portée totale.

Sans aucun doute, tous les paquebots qui toucheront à Papeete y charbonneront.

Pour les cargos, l'avantage sera le même dans les traversées entre la Nouvelle-Zélande et Panama ; seuls les cargos venant d'Australie en Europe par Panama pourraient être tentés de prendre en Australie au départ la totalité de leur combustible jusqu'à Panama ; mais pour cela, il faudrait encore que leur fret de retour fût inférieur à une vingtaine de francs, différence entre le prix du charbon à Tahiti et en Australie, y compris les frais de manutentions. Or le taux de fret normal en retour d'Australie n'est pas tombé au dessous de 35 fr.

Les cargos tirant leurs moyens d'existence du fret, comme les paquebots des passagers, auront le même intérêt à charbonner à Tahiti.

Nous avons payé l'an dernier le charbon à Montevideo entre 36 fr. et 43 fr., à Saint-Vincent entre 33 fr. et 37 fr.; nous préférerons donc Tahiti à 35 fr., avec une réduction de la distance, malgré la surcharge des frais du canal.

Si les armateurs tendaient à réduire l'espace réservé aux marchandises pour augmenter l'approvisionnement de combustible. ils finiraient par naviguer pour brûler du charbon. Le fait est que le taux des frets étant généralement beaucoup plus réduit en sortie qu'au retour, les vapeurs ont avantage à prendre leurs soutes fixes de réserve, et même supplémentaires, au départ d'Europe, tandis qu'ils ont au contraire intérêt à réduire au minimum l'approvisionnement de combustible quand ils rentrent.

Il est bien difficile de dire et il paraît inutile de rechercher si, dans la majorité des cas, les navires ont leur plein en encombrement ou en lourd ; quelle que soit la nature des cargaisons ils ont intérêt à réserver pour celles-ci le maximum de portée ou de cubes quand le fret est avantageux, on lui affectant la marge représentée en poids ou en cube par leurs soutes de réserve.

Contrairement à vos conclusions, il apparaît qu'un dépôt de charbon à Tahiti serait sans intérêt s'il n'était organisé pour fonctionner couramment et largement, et que d'autre part la grande majorité du tonnage naviguant entre Panama, la Nouvelle-Zélande et l'Australie, devant toucher à Papeete, la quantité de charbon qui pourra y être vendue semble devoir être très considérable.

Si l'on tient compte de l'intérêt national dans la constitution de Tahiti comme principal point de relâche dans le Pacifique, on doit évidemment souhaiter que la vente du charbon n'ait pas à couvrir à elle seule les frais d'exploitation du port ; mais elle représente incontestablement un élément de premier ordre, dont l'importance dans l'avenir dépassera démesurément le petit trafic actuel ayant suffi à y intéresser des maisons de la place.

Veuillez agréer, monsieur, l'assurance de nos sentiments très distingués.

Le président,<br>CHAVANE.

La compagnie navale de l'Océanie estime que sans aucun doute tous les paquebots qui toucheront à Papeete y charbonneront et elle paraît même penser que la seule raison de l'escale pour les paquebots sera le ravitaillement en combustible.

Elle estime que tous les cargos allant d'Australie ou de Nouvelle-Zélande à Panama, charbonneront à Papeete parce qu'ils auront intérêt à réduire leurs soutes le plus possible, en raison de l'abondance de fret en Australasie.

Elle reconnaît, ce qui est exact, que le fret étant beaucoup moins abondant en sortie qu'au retour, c'est-à-dire pour les bateaux allant en Nouvelle-Zélande et en Australie, le taux en est généralement beaucoup plus réduit, et les vapeurs ont avantage à prendre leurs soutes fixes de réserve et même supplémentaires au départ d'Europe, tandis qu'ils ont, au contraire, intérêt à réduire au minimum l'approvisionnement de combustible quand ils rentrent.

En cela, la compagnie navale de l'Océanie pense, contrairement à la plupart de ceux qui croient à la nécessité d'un ravitaillement en charbon à Papeete, pour les navires allant de Panama en Australie et en Nouvelle-Zélande, mais n'ont jamais pu supposer que des navires provenant de contrées où le charbon est très bon marché, s'imposeraient les frais d'une escale pour y charbonner dans des conditions onéreuses.

Malgré mon insistance, je n'ai pu obtenir de réponse écrite de la compagnie Générale Transatlantique, mais j'ai eu des entretiens avec M. Japhet, sous-directeur, et avec le chef du trafic.

M. Japhet m'a déclaré que la question d'une escale de ravitaillement à Tahiti n'intéressait pas sa compagnie, qui n'a pas du tout l'intention d'envoyer ses navires dans le Pacifique, après l'ouverture du canal de Panama. Le sous-directeur de la compagnie générale transatlantique estime que dans toutes les prévisions concernant les ports, on doit tenir compte, dès maintenant, de la véritable révolution qui se prépare dans les moyens de propulsion des navires : la substitution du moteur à combustion au moteur à vapeur. M. Japhet est absolument convaincu que dans quinze ans on ne trouvera plus un navire utilisant un kilogramme de charbon ; il n'y aura plus que des brûleurs d'huile. Si en France, jusqu'à ce jour, nous nous sommes laissés distancer par les marines marchandes étrangères c'est en raison des difficultés d'installation d'entrepôts d'huiles minérales. J'ai fait alors observer à M. Japhet que les moteurs genre Diesel n'exigeaient pas d'huile minérale ; qu'ils fonctionnaient aussi bien avec des huiles de goudron, que l'on commence à produire en masse dans les mines du Nord, à Lens par exemple, et même avec des huiles d'arachides que nos colonies d'Afrique peuvent produire en grande quantité.

Le chef du trafic de la compagnie générale transatlantique pense que les premières lignes régulières passant le canal de Panama seront à destination du Sud Amérique où il y a une bonne clientèle de passagers et du fret régulier, en tout temps, en raison de la nature des produits exportés ; peaux, minerais. Dans le monde de la navigation, tout le monde suppose que la Hamburg America Line sera une des premières à lancer un service régulier. On suppose également que la combinaison Royal Mail et South Pacific Mail utilisera une des premières le canal.

Pour le chef du trafic, comme pour le sous-directeur de la compagnie générale transatlantique, il n'y a aucun doute sur la substitution prochaine du moteur à combustion au moteur à vapeur dans la propulsion des navires.

J'ai eu également un entretien avec l'administrateur délégué de la société commerciale d'affrètements et de commission, 28, rue de Châteaudun. Il m'a appris que sa société s'occupait de tous les affrètements pour la compagnie française des phosphates de l'Océanie, que c'est pour cette raison qu'elle avait eu à se préoccuper de l'établissement d'un dépôt de charbon, pour ravitailler au besoin ses navires qui viendraient prendre du phosphate à Pa-

peete. M. Mesnier ne croit pas au besoin d'un ravitaillement de charbon à Papeete pour les navires traversant le Pacifique. Les navires ne charbonneront à Tahiti que très exceptionnellement et, en tenant compte des besoins de la compagnie des phosphates et des navires affrétés, on ne peut pas compter sur une vente de plus de 20,000 à 25,000 tonnes par année.

Suivant les conseils qui m'ont été donnés par le directeur des chargeurs réunis et par le sous-directeur de la compagnie générale transatlantique, j'ai été m'entretenir de la question de l'escale et du dépôt de charbon à Papeete avec M. de Rousiers, secrétaire général du comité central des armateurs de France. « Si comme ils l'annoncent officiellement, me dit M. de Rousiers, les Américains établissent, à Colon et à Balboa, des dépôts de charbon où le combustible sera fourni aux navires dans de très bonnes conditions, à prix coûtant ou près que, les navires n'iront pas charbonner à Tahiti qui se trouve entre l'Australie et Panama, deux pays où le charbon sera bon marché, alors qu'à Papeete il sera nécessairement beaucoup plus cher puisque le charbon qu'on y vendra ne pourra provenir que d'Australie ou d'Amérique. Pour l'immense majorité des cargos contenance des soutes est suffisante pour la traversée Panama-Australie et ils n'auront pas besoin d'avoir des approvisionnements complémentaires de combustible dans leurs soutes de réserve ; celles-ci pourront donc être occupées au besoin par du fret. »

M. de Rousiers ne croit pas qu'une ligne de paquebots sur l'Australie, par Panama, puisse concurrencer une ligne par Suez. Pour l'Australie le chemin de l'Est a de nombreuses escales où le fret abonde, au contraire la voie de l'Ouest en manque. En admettant qu'il y ait des lignes de paquebots, il n'est pas certain qu'ils fassent escale à Tahiti, il est encore moins certain qu'ils y charbonnent en raison de la dépense supplémentaire occasionnée par la cherté du combustible à Papeete.

Le secrétaire général du comité central des armateurs de France est aussi convaincu de la substitution prochaine du moteur à combustion à la machine à vapeur, dans la navigation. Mais il ne voit pas la chose se faire aussi rapidement que M. Japhet le croit : la question n'est pas absolument au point ; mais il y a un tel intérêt à la voir aboutir que sans aucun doute on y arrivera. On doit donc tenir grand compte de cette révolution prochaine pour les projets d'avenir.

En résumé, M. de Rousiers estime que le port de Papeete doit être mis en état de recevoir les navires qui pourront avoir besoin d'y faire escale. Par conséquent, il faut que les bateaux aient à leur disposition du charbon pour se ravitailler, en cas de nécessité. Mais le secrétaire général du comité central des armateurs de France pense que le mouvement de la navigation à Papeete ne sera pas très important et que le charbonnage ne s'y fera que d'une façon très exceptionnelle. On ne doit pas compter sur les produits de la vente du charbon.

Les avis que j'ai recueillis auprès des principales compagnies de navigation françaises m'ont confirmé dans mon opinion : que, sauf de très rares exceptions, les cargos qui pourront faire escale à Papeete n'y charbonneront pas, que pour les paquebots ou bateaux mixtes faisant le service entre Panama et l'Océanie, l'escale à Tahiti me paraît obligatoire mais que ces navires éviteront autant que possible d'y charbonner pour ne pas augmenter trop les frais de cette escale qu'ils ne pourront éviter.

Dans ces conditions, il ne me paraît pas possible d'établir sérieusement la quantité minimum de charbon qui pourrait être vendue à Papeete. Pour moi, ce serait commettre une très grosse imprudence que de baser sur les bénéfices très aléatoires d'un dépôt de charbon à Tahiti une importante affaire de construction et d'exploitation d'un port nécessitant un capital de 8 à 10 millions.

## CHAPITRE VI

SUBSTITUTION DES HUILES LOURDES DE PÉTROLE<br>AU CHARBON A BORD DES NAVIRES

Serait-on certain, contrairement à mon avis, de vendre dans les premières années qui suivront la mise en service du canal de Panama, une grande quantité de charbon à Papeete, qu'on n'aurait pas le droit, étant données les circonstances actuelles, de compter sur un succès durable du parc à charbon.

Des opinions autorisées me l'ont rappelé, il est indéniable qu'un changement considérable doit être prévu dans les conditions de la navigation. La substitution de l'huile lourde au charbon à bord des navires va tout modifier : la plupart des dépôts de combustibles n'auront plus raison d'être puisque le rayon d'action des navires va être pour le moins quadruplé.

Déjà à San-Francisco notre attention avait été attirée sur ce sujet par le président de l'Océanic Steamship Cⁱᵉ, qui ces dernières années avait un service de San-Francisco à Tahiti par le Mariposa chauffé aux huiles. En Californie les huiles abondent, le charbon manque, on conçoit très bien qu'on ait cherché partout à remplacer la houille par l'huile, sur les locomotives comme sur les navires. Pour la navigation l'avantage est énorme, mais la transformation des foyers coûte cher et on comprend que les armateurs hésitent surtout quand ils ont en perspective un progrès encore plus grand.

M. Johnson dit à ce sujet dans le « Panama Canal Traffic and Tolls », p. 94 :

« L'huile de Californie est employée par plusieurs vaisseaux sur les côtes Est et Ouest des Etats-Unis et quelques-uns de ces brûleurs d'huile utiliseront le canal de Panama. Les importantes mines d'huile de la Californie, du Texas et de l'intérieur du continent sont relativement près des dépôts de combustibles, le long de la route de Panama et la substitution de l'huile au charbon avantagera la route de Panama au détriment de celle avec qui elle sera en concurrence. »

Pour des navires brûlant de l'huile, un dépôt de combustible à Tahiti, à moins raison d'être que pour les brûleurs de charbon. Les brûleurs d'huile peuvent transporter un bien plus grand approvisionnement. On peut loger de l'huile dans les doubles fonds où il est impossible de mettre du charbon. Mais il y a plus : on est en droit d'espérer, dans un avenir pas très éloigné, la substitution des moteurs à combustion genre Diesel, aux machines à vapeur, à bord des navires. Actuellement, en Angleterre, il y a en construction 50 gros navires de tonnage variant jusqu'à 14,000 ou 15,000 tonnes qui emploieront des moteurs à huiles lourdes Diesel ou genre Diesel. Des essais ont été faits sur le parcours Angleterre-Amérique : la dépense a été de 188,000 fr. avec charbon et vapeur : elle n'a été que de 110,000 fr. avec moteurs à huile lourde.

C'est surtout dans les applications à la marine que les moteurs à combustion marquent un progrès considérable. Emplacements réduits, emmagasinements faciles et rapides, bas prix d'achat, faible consommation, réduction du personnel, instantanéité de mise en marche, température modérée des salles de machines, etc., tout milite dans ces cas en faveur des moteurs à combustion à huile lourde. Déjà plus de 800 bateaux, en Angleterre, sont actionnés par ces moteurs et, si quelques progrès restent à faire, pour leur adaptation aux grands navires, la solution paraît prochaine.

La question de la substitution du moteur à combustion au moteur à vapeur, pour la propulsion des navires, me paraît d'une telle importance pour l'escale de Papeete, que je crois utile de consacrer quelques pages à essayer de montrer où elle en est actuellement.

Le Vulcanus est un des tout premiers navires de haute mer affectés à un service régulier qui soient mus exclusivement par un moteur à pétrole. C'est un bateau-citerne destiné à transporter les huiles minérales des Indes Néerlandaises. Il a été construit pour le compte de la société néerlando-indienne des bateaux-citernes par la Nederlansche Scheep bouw Maatschappy, sous la surveillance du Loyd. Il est entièrement en acier. Ses dimensions sont les suivantes : longueur 59 m. 80, largeur 11 m. 50, creux jusqu'au pont principal 4 m., tirant d'eau en charge 3 m. 10, déplacement 1,900 tonnes, vitesse 8,4. Son moteur est du système Diesel-Werkspoor, d'Amsterdam, à 4 temps et à simple effet, pouvant développer 500 chevaux effectifs à 180 tours.

Le moteur du Vulcanus a une hauteur de 3 m. 60 environ au-dessus de l'axe de l'arbre, sa longueur totale est de 7 m. 50. Il occupe moins de place qu'un moteur à vapeur de même puissance avec sa chaufferie et sa chaudière. Le moteur seul pèse 42 tonnes et l'installation motrice complète avec ses accessoires 85 tonnes, soit un peu moins qu'une machinerie à vapeur de même puissance. La consommation ne dépasse pas 200 grammes par cheval-heure. La grande économie est surtout réalisée sur le poids du combustible à embarquer et sur la place qu'il occupe. Avec 24 tonnes de pétrole, soit moins de 1,5 p. 100 de son déplacement 1 *Vulcanus* peut naviguer 10 jours à toute puissance et ce combustible se loge dans tous les compartiments étanches disposés sous le plancher de la chambre des machines à fond de cale, c'est-à-dire à une place qui serait autrement perdue.

Un navire déplaçant 800 tonnes et construit pour filer 24 nœuds nécessiterait dans les conditions les plus favorables un moteur de 5.000 chevaux, consommant, s'il s'agit d'un moteur à vapeur, 100 tonnes de charbon par jour. Un tel navire ne pourrait embarquer suffisamment de charbon pour maintenir sa vitesse pendant cinq jours, soit pour aller du Havre à New-York : le combustible occuperait les cinq huitièmes du déplacement total. Avec un moteur Diesel, l'approvisionnement de pétrole pour cinq jours ne serait que de 120 tonnes, soit 15 p. 100 du déplacement total, et la traversée est possible.

Pour le paquebot *France*, de la compagnie générale transatlantique, l'avantage serait énorme. Actuellement, ce bateau doit embarquer 6,500 tonnes de charbon à chaque traversée : il ne peut prendre du fret. S'il était actionné par des moteurs Diesel, 1,600 à 1,700 tonnes d'huile suffiraient, et il pourrait transporter 10,000 tonnes de fret par voyage.

Du 25 janvier 1911 au 29 janvier 1912 le *Vulcanus* a fait 39 voyages et parcouru un total de 20,345 milles, dont un voyage de 3,212 milles et un autre de 3,604 milles. Les bons résultats obtenus dans ces voyages ont valu aux constructeurs plusieurs commandes nouvelles, entre autres : deux moteurs de 1,100 chevaux pour deux navires ; un moteur de 2,200 chevaux pour un navire ; deux de 1,700 chevaux pour deux navires.

Une autre application du moteur Diesel Werkspoor fut faite au petit cargo boat *Sem-Bilan* dont les dimensions sont : longueur, 46 m. 36; largeur, 8 mètres ; tirant d'eau, 2 m. 75. Le moteur n'a que 250 chevaux de force.

Après avoir fait plusieurs voyages d'essais très courts pendant quelques mois sans le moindre accident le *Sem-Bilan* est parti de Rotterdam pour Java. Il est arrivé à Batavia le 22 mai 1912 après avoir couvert la distance d'Aden à Saboug (Sumatra), 3,200 milles environ, en 386 heures, soit plus de seize jours sans arrêt. La consommation moyenne du pétrole n'a été que de 835 litres par 24 heures et le moteur n'a causé aucune difficulté pendant toute la durée du voyage.

La maison Sulzer frères a construit les moteurs Diesel du *Monte Penado* C'est un cargo construit par les Howaldswerke de Kiel, pour le compte de la Hamburg-Südamerikanische Dampfschiffahrts-Gesellschaft. Il est destiné à faire un service de cabotage sur les côtes des deux Amériques. Ses dimensions sont : longueur 107, largeur 15,3, déplacement 6,500 tonnes, vitesse en charge 10,5. Ses deux hélices sont actionnées par des moteurs Diesel à 2 temps à simple effet d'une puissance totale indiquée de 2,000 chevaux à 160 tours. La consommation à pleine charge a été de 210 grammes par cheval effectif.

Chaque machine pèse 55 tonnes et 77 tonnes avec les accessoires. Le compresseur d'air auxiliaire pour les mises en marche pèse 6 tonnes. Le poids total de l'installation, y compris la dynamo, est de 160 tonnes. La longueur de la salle des machines est de 16 mètres.

Le *Monte-Penado* prend la quantité d'huile nécessaire pour faire le voyage Hambourg-Buenos-Aires et retour, soit 13,500 milles, à une vitesse de 10,5. La consommation pour ce long voyage n'est que de 432 tonnes. Un navire à vapeur de même tonnage et de même vitesse, avec machine à quadruple expansion, consommerait 1.505 tonnes, et 1,755 tonnes, si sa machine était à triple expansion.

L'économie de poids de combustible du moteur Diesel sur la machine à quadruple expansion est de 1,073 tonnes à l'aller et 537 tonnes au retour, soit une moyenne de 805 tonnes.

Sur le moteur à triple expansion, l'économie est de 1,323 tonnes à l'aller et de 662 tonnes au retour, soit une moyenne de 993 tonnes.

Comme les moteurs Diesel avec arbres et hélices ne pèsent que 240 tonnes, alors que l'installation avec machines à vapeur pèserait 410 tonnes, l'économie totale est donc de 975 tonnes sur une machine à quadruble expansion, soit une augmentation possible de 15 p. 100 de fret ; 1,163 tonnes sur une machine à triple expansion, soit une augmentation pos-

sible de 18 p. 100 de fret. Une machinerie à vapeur exigerait seize chauffeurs et manœuvres; il n'y a que six hommes en dehors des mécaniciens à bord du *Monte Penado*, d'où économie de 1,200 tonnes environ sur les salaires mensuels.

Le *Monte-Penado*, parti de Lisbonne pour l'Amérique du Sud le 6 septembre dernier est arrivé à Paranagua le 26 septembre, après avoir traversé l'Atlantique à une vitesse moyenne de 10 nœuds, sans incident.

La Nederlandsche Scheepbouw, d'Amsterdam, a construit depuis le *Vulcanus*, le *Juno* de 4,800 tonnes et de 1,100 chevaux et l'*Emmanuel-Nobel* de 9,350 tonnes et de 1,100 chevaux, ce sont des pétroliers.

La compagnie de l'Est asiatique danois a commandé en même temps trois navires semblables destinés à faire un service de passagers entre le Danemark et l'Extrême-Orient. Le *Selandia* et le *Fionia* ont été construits par les chantiers danois Bunneister et Wain ; le *Jutlandia* provient des chantiers anglais Barclay Curle and Co.

Le *Fionia* est passé sous pavillon allemand. Il a été acheté par la Hamburg America Linie qui lui a donné le nom de *Christian-X*.

Voici les caractéristiques de ces trois navires :

Longueur : 111 mètres.
Largeur : 15 m. 90.
Creux : 9 mètres.
Tonnage brut : 4,900 tonneaux.
Tonnage net : 3,200 tonneaux.
Déplacement : 9,800 tonnes.
Portée en lourd : 7,400 tonnes.
Poids de coque et machine : 2,400 tonnes.

Chaque navire est mu par deux moteurs Diesel réversibles à quatre temps de huit cylindres de 2,500 chevaux de puissance totale indiquée ; il y a en outre deux moteurs auxiliaires de 250 chevaux chaque pour les compresseurs d'air.

Les machines principales et auxiliaires sont contenues dans une seule salle de 13 mètres de longueur.

Les machines, tournant à 140 tours, donnent une vitesse de 12 nœuds.

Deux citernes à pétrole, placées dans la partie haute de la chambre des machines, contiennent l'approvisionnement de combustible nécessaire pour une marche de vingt-quatre heures. Le combustible est logé dans les doubles fonds et cinq compartiments séparés qui peuvent contenir 1,060 tonnes d'huile, à la densité de 0,85.

Un tel approvisionnement assure au navire une distance franchissable de 25,000 milles, à la vitesse de route. On emploie des huiles lourdes résiduelles de pétrole de Roumanie, du Texas et de Malaisie.

Dans un voyage d'essai, la consommation n'a pas dépassé 165 grammes par cheval indiqué et par heure. Lors du voyage en Extrême-Orient, la consommation moyenne a été en effet de 10 tonnes par vingt-quatre heures avec une vitesse de 11 nœuds. Un vapeur aurait consommé au moins 40 tonnes de houille.

Pour le voyage de Singapore à Copenhague, on a consommé 900 tonnes de pétrole à 44 fr., soit 39,600 fr.; il aurait fallu 3,000 tonnes de charbon à 27 fr. pour un vapeur, soit une dépense de 78,000 fr.

Les résultats obtenus par les constructeurs danois et anglais sont sensiblement les mêmes. Voici les résultats d'essais du *Jutlandia* :

Puissance moyenne indiquée pour une marche de huit heures : 2,750 chevaux.
Nombre de tours : 138.5.
Vitesse en flottaison lège : 12.53 nœuds.
Consommation par cheval indiqué et par heure : 150 grammes.
Puissance moyenne indiquée par cylindre : 172 chevaux.
Ecart maximum de la puissance indiquée par cylindre : 158 chevaux.
Pression moyenne effective kg/cinq : 7.1.
Ecart maximum centésimal de la pression moyenne effective kg/cinq : 0.6.

Ajoutons que pour ces navires la masse d'huile en circulation pour le graissage est de 15 tonnes.

Les différents exemples donnés ci-dessus, de navires mus par des moteurs à combustion interne, les résultats des essais du *Jutlandia*, montrent quels progrès rapides ont été faits depuis deux ans à peine, dans l'application des moteurs genre Diesel à la navigation.

J'ai appris de MM. Sulzer frères qu'ils terminaient en ce moment la mise au point d'un moteur Diesel monocylindrique, à deux temps, d'une force de 2,000 chevaux. Qand ce travail sera terminé, et ces messieurs ne doutent pas un instant du succès final, le moteur Diesel, pour les plus gros navires, sera trouvé, puisque sur un navire à quatre hélices on pourra placer quatre moteurs à six cylindres, ou plus, chacun de 2,000 chevaux, soit au moins 4,800 chevaux en tout. Actuellement la maison Sulzer est la seule qui construise couramment le moteur Diesel à deux temps, pour la marine. Mais ces messieurs ne doutent pas un instant que, d'ici très peu de temps, il en sera de même de tous les bons constructeurs.

Il y a deux raisons pour que l'application des moteurs genre Diesel à la propulsion des navires fasse des progrès de plus en plus rapides : le brevet Diesel, qui date de 1897, vient de tomber dans le domaine public. L'adoption de ces moteurs pour la marine réalise de tels avantages, que tous les gros sacrifices que peuvent faire les constructeurs en recherches et essais seront certainement récupérés un jour.

*Consommations* — La moyenne de consommation de charbon pour un très grand nombre de navires, choisis parmi ceux jaugeant de 3,000 à 5,000 tonnes, est de 816 grammes par cheval mesuré au frein.

Pour les moteurs Diesel à quatre temps, de grand modèle, les constructeurs garantissent une consommation inférieure à 181 grammes d'huile brute par cheval heure mesuré au frein. La consommation réelle descend jusqu'à 168 grammes.

Le moteur Diesel a deux temps a un rendement inférieur; mais sa consommation ne dépasse jamais 204 grammes par cheval-heure.

A vitesse réduite, le rendement d'un moteur Diesel est relativement supérieur à celui de la machine à vapeur. Voici des résultats d'essais sur un moteur type marine :
400 chevaux : consommation, 214 grammes par cheval-heure.
300 chevaux : consommation, 215 grammes par cheval-heure.
200 chevaux : consommation, 225 grammes par cheval-heure.
100 chevaux : consommation, 224 grammes par cheval-heure.

Les appareils auxiliaires à bord d'un navire entrent pour une grande part dans la consommation du combustible : 20 à 25 p. 100. Comme les appareils auxiliaires mus par la vapeur ont un très mauvais rendement, l'adoption des moteurs Dixel réalise encore une économie.

Il en résulte que, dans la majorité des navires actionnés par moteur Diesel, le poids du combustible consommé est environ le cinquième de celui qui serait brûlé par le même navire à vapeur.

L'huile brute vaut actuellement dans les ports anglais de 50 à 57 fr. 50 la tonne. On peut en déduire que si le prix moyen du charbon dépasse 12 fr. 50 à 13 fr. 75 la tonne, le moteur Diesel est encore le plus économique en admettant que sa consommation atteigne le quart de celle de la machine à vapeur.

En réalité l'avantage est plus grand avec le moteur Diesel car les lignes d'un navire employant ce moteur peuvent être un peu plus fines que celles d'un navire à vapeur, ce qui permet une réduction de force motrice pour les navires marchant à la même vitesse. Ainsi pour le *Monte-Penado* dont il a été parlé plus haut, la force développée par les machines en marche normale est de 1,600 chevaux ; le même navire marchant à la même vitesse actionné par des machines à vapeur exigerait 1,950 chevaux.

*Supplément de fret possible.* — Puisque pour un même voyage on n'use que le cinquième du poids de combustible, on peut augmenter considérablement la capacité des cales à marchandises et dans une proportion plus considérable que pourraient le faire supposer les poids relatifs parce que l'huile peut être emmagasinée dans des emplacements qui ne seraient pas utilisables pour la houille, tels que les doubles fonds et les réservoirs à ballast.

L'économie de poids et de place peut être employée à augmenter le rayon d'action des navires, ce qui sera d'un énorme intérêt pour les navires de guerre. Pour les navires marchands, une diminution de la consommation en combustible permettra de choisir plus librement les points de son embarquement et d'éviter les dépôts où il est cher.

L'armateur désirera tirer tout le parti possible de la faculté qu'il aura d'augmenter ses cales à marchandises. Un navire de 2,500 à 3,000 tonnes, mû par une machine de 1,100 à 1,200 HP consommerait environ 15 tonnes de charbon par jour. Le même, actionné par un moteur Diesel de 1,000 HP, qui lui donnerait la même vitesse, exigerait moins de 4 tonnes d'huile, soit une réduction de 11 tonnes par jour et pour vingt jours de navigation 220 tonnes.

De ce fait, la place disponible pour le fret peut atteindre 10 p. 100 du déplacement du navire.

L'adoption du moteur Diesel permet également une économie de place et de poids sur la machinerie. On compte, pour toute la machinerie à vapeur, 1 tonne pour 5 à 8 chevaux. Avec le moteur Diesel, il faut compter 1 tonne pour 10 à 15 chevaux.

Etant données toutes les économies réalisées en ce qui concerne principalement le poids du combustible transporté, le poids de la machinerie, l'espace nécessaire pour la chambre des machines, on peut estimer que l'adoption du moteur Diesel permet de transporter un supplément de fret égal à environ 15 p. 100 du déplacement du navire.

*Economie sur l'entretien du matériel, économie de personnel.* — L'expérience qu'on a actuellement de la question fait ressortir qu'avec le moteur Diesel il y a économie en ce qui concerne les frais de surveillance et de réparation générale. Il fallait s'y attendre : l'importance de la machinerie est moindre ainsi que le nombre des organes sujets à dérangement.

Le navire mû par un moteur Diesel n'exigeant pas de soutiers, le personnel du bord est très réduit, quel que soit le tonnage du navire et la puissance des moteurs. Quand il s'agit de grands navires, la question est d'une importance vitale; ainsi sur le *Mauritania*, il y a 180 chauffeurs et 35 mécaniciens.

Pour un navire mû par un moteur Diesel de 1,500 chevaux, on réalise une économie annuelle de 5,000 fr. sur le personnel, par rapport à un navire à vapeur de même puissance.

Dans une note lue devant l'association technique des constructeurs de navires d'Allemagne, M. Sainberlich évalue l'économie que l'on peut réaliser à tous les points de vue, en employant des moteurs Diesel au lieu de machines à vapeur.

Les estimations sont basées sur un voyage de vingt jours, tant à l'aller qu'au retour, avec quatre voyages complets par an, ce qui représente cent soixante jours de navigation. Le tonnage d'huile transporté suffit pour un double voyage, tandis que dans le cas des navires à vapeur, la houille n'est suffisante que pour le voyage d'aller.

| DÉSIGNATION | NAVIRE à vec moteur Diesel. | NAVIRE à vapeur. |
|---|---|---|
| Longueur | 103 m 056 | 103 m 056 |
| Largeur | 14 635 | 14 635 |
| Creux | 9 578 | 9 578 |
| Tirant d'eau | 6 530 | 6 530 |
| Puissance des moteurs en HP, mesures au frein sur l'arbre | 1.350 ch. | 1.500 ch. |
| Tonnage brut | 5.500 t. | 5.400 t. |
| Poids de combustible transporté | 856 t. (A et R). | 488 t. (A seulement). |
| Supplément de fret possible avec moteur Diesel | 285 t. | » |
| Vitesse en nœuds | 10 nœuds. | 10 nœuds. |
| Consommation journalière de combustible : 222 grammes par cheval, mesuré au frein dans le moteur Diesel; 567 grammes par cheval indiqué avec machine à vapeur | 7.163 k. | 19.710 k. |
| Dépense de combustible par jour | 302f50 | 888 75 |
| Economie journalière de combustible en faveur du moteur Diesel | 86 25 | » |
| Salaire et nourriture du personnel des machines, par mois | 1.307 50 | 1.812 50 |
| Economies mensuelles sur le personnel des machines avec moteur Diesel | 505 » | » |

On a supposé que la houille coûtait 19 fr. 40 la tonne et l'huile 43 fr. 75, mise à bord comprise. On a compté 3 mécaniciens, 1 aide et 6 chauffeurs dans le cas d'un navire à vapeur et 3 mécaniciens, 1 aide et 3 graisseurs pour le navire avec moteur Diesel. L'économie pour un navire entier, comprenant 160 jours de navigation, peut être résumée comme ci dessous :

| | |
|---|---|
| Augmentation du fret de 280 tonnes pour quatre courses aller et retour à 10 fr. par tonne pour voyage simple | 20.400 |
| Economie de combustible 86,25 × 160 | 13.800 |
| Economie sur salaires et nourriture personnel des machines | 6.050 |
| | 40.250 |

| | |
|---|---|
| Intérêt supplémentaire et dépréciation correspondant au prix de revient plus élevé de l'installation des moteurs Diesel | 3.215 |
| Economie nette annuelle avec moteurs Diesel | 37.185 |

Si on fait abstraction de l'économie de combustible on trouve encore un rendement plus élevé de près de 25,000 tonnes dans le cas du moteur Diesel.

On emploie, pour les moteurs Diesel, de l'huile lourde dont le point d'inflammation est voisin de 148°. Les risques d'incendie par suite d'explosions ne sont pas à craindre et les compagnies d'assurances ont décidé qu'on n'appliquerait pas de primes plus élevées aux navires munis de moteur Diesel qu'aux vapeurs les plus modernes.

Un autre avantage à remarquer consiste dans la facilité et dans la propreté avec lesquelles s'accomplit l'embarquement du combustible en comparaison de ce qui se passe quand un vapeur fait du charbon, même par les moyens les plus perfectionnés.

Le transport du combustible liquide des lieux de production, mines ou usines, dans les dépôts où il sera à la disposition des navires est rendu très facile par l'installation des pipes lines. Il y a déjà plusieurs années qu'il existe un pipe line de 73 kilomètres entre Panama et Colon pour le transport des huiles du Pacifique dans l'Atlantique. On vient d'en installer une sur le Congo de Matadi à Léopoldville, sur une longueur de 400 kilomètres.

La plus grosse objection que l'on a faite contre la substitution du moteur à combustion interne à la machine à vapeur chauffée au charbon est que la production mondiale du pétrole n'est que de 38 millions de tonnes, alors que celle de la houille est de 930 millions.

Il est facile d'y répondre.

Les recherches géologiques les plus récentes ont démontré qu'il existe probablement autant, sinon plus, de pétrole que de houille dans les entrailles de la terre et que les gisements de pétrole occupent des positions géographiques beaucoup plus favorables et sont plus répandues que les houillères.

Le rendement thermique du moteur Diesel est d'environ 48 p. 100; son rendement effectif atteint dans quelques cas près de 35 p. 100. On fabrique couramment maintenant des huiles de goudron qui peuvent être employées dans le moteur Diesel et, avec un rendement trois à cinq fois supérieur à celui que donne la houille dans la machine à vapeur. Il s'en suit que la houille peut être utilisée beaucoup plus économiquement quand on ne la brûle pas sous des chaudières et sur des grilles mais quand on la convertit en coke au goudron. Le coke est ensuite employé dans les usines métallurgiques comme moyen de chauffage. Avec les gaz on alimente des centrales électriques.

Le lignite dont la production représente 10 p. 100 de celle de la houille, donne par distillation à sec un goudron, qui traité pour obtenir de la paraffine laisse un sous-produit appelé huile de paraffine. Cette huile, que l'on produit en grande quantité en Allemagne pour les moteurs Diesel.

L'huile de schiste que l'on produit en grande quantité en France et en Ecosse convient également très bien pour ces moteurs.

En 1900 la société Otto exposait un petit moteur Diesel fonctionnant avec de l'huile d'arachide et il n'avait pas été construit pour employer ce combustible. On sait que nos colonies peuvent produire des quantités énormes d'arachide.

On a employé également avec plein succès des huiles animales, telles que l'huile de poisson.

De tout cela il résulte que des pays comme l'Angleterre et la France qui ne possèdent pas de puits de pétrole n'ont cependant rien à craindre de la substitution des moteurs à combustion interne aux machines à vapeur. Le résultat en serait certainement une bien meilleure utilisation de la production houillère, qui, en ce qui concerne la France, atténuerait beaucoup notre insuffisance de charbon.

On m'excusera de m'être étendu un peu longuement sur cette question de l'adoption du moteur à combustion interne pour la marine. Pour des raisons que j'ignore, nos armateurs français paraissent vouloir se laisser distancer par les marines marchandes étrangères. Ce n'est pas l'huile qui manque en France. Par des « pipes-lines » on pourrait en amener en abondance à Dunkerque, Calais, Boulogne, Le Havre, des mines du Nord et du Pas-de-Calais qui peuvent en fournir une grande quantité.

Parce que notre marine est en retard sur cette question, beaucoup de personnes pensent que cette véritable révolution dans la propulsion des navires ne se produira qu'à une échéance assez lointaine. Il importait donc de bien montrer que, dès maintenant, l'emploi du moteur à combustion interne peut assurer la propulsion d'un grand navire, consommant une quantité de combustible liquide qui, à puissance égale, pèse à peine le cinquième du charbon nécessaire au fonctionnement d'une machine à vapeur rendant les mêmes services. Il fallait bien faire voir que les progrès dans cette voie ne pouvaient être que très rapides.

L'ouverture du canal de Panama aura comme conséquence, en un bref délai, la construction de nombreux navires pour le Pacifique. Or sur les côtes de l'Amérique du Nord, l'huile abonde, la houille manque. Dans ces conditions, il n'est pas téméraire de prévoir que la navigation dans le Pacifique se fera surtout avec des moteurs à combustion interne. L'ouverture du canal de Panama hâtera la substitution des moteurs Diesel aux machines à vapeur, pour la propulsion des navires.

Le remplacement du charbon par l'huile, comme combustible, à bord des navires, rendra absolument inutiles la plupart des dépôts qui servent actuellement au ravitaillement des bateaux. Ce n'est donc pas le moment de compter sur les bénéfices futurs de la vente du charbon à Papeete pour couvrir l'intérêt et l'amortissement du capital nécessaire à la construction du port ainsi que les frais nécessités par son exploitation.

## CHAPITRE VII

### INSTALLATION D'UN DÉPÔT DE CHARBON A PAPEETE

Le port de Papeete sera donc fréquenté au moins par les paquebots qui feront la ligne Panama-Nouvelle-Zélande-Australie; il est nécessaire qu'en cas de besoin ils puissent y trouver du charbon. Un dépôt de charbon existe déjà; il appartient à la compagnie française des phosphates de l'Océanie, qui possède un approvisionnement de 4,500 tonnes environ qui pourrait être facilement augmenté. La moitié de ce stock est à bord d'un ancien voilier démâté, ancré dans la rade : on pourrait donc facilement l'utiliser pour charbonner les navires de passage. Le reste se trouve dans un terrain qui n'est pas même pas au bord de la mer. La compagnie française des phosphates, en général, ne vend pas de charbon, elle a cependant fourni, en juillet dernier, quelques centaines de tonnes, à des conditions très élevées, au *Presidente-Sarmiento*, frégate-école argentine.

Il serait nécessaire de faciliter l'établissement d'un dépôt de charbon. Naturellement, ni la colonie, ni la métropole ne peuvent se charger de son exploitation : c'est une affaire essentiellement commerciale. Deux solutions : soit concéder l'emplacement choisi, à charge par le concessionnaire d'y aménager un terre plein, d'y construire les appontements dans des conditions déterminées et de se procurer le matériel prévu, le tout devant retourner gratuitement à la colonie, en fin de concession, après vingt-cinq ou trente ans, soit préparer un vaste terre-plein avec quais ou appontements et en concéder l'exploitation; que l'on préfère l'une ou l'autre solution, la concession se ferait à la suite d'un concours ou d'une adjudication.

Le cahier des charges devrait prévoir un stock minimum déterminé, que le concessionnaire serait tenu d'avoir constamment à la disposition des navires.

Avec la première solution, on pourrait prévoir une petite subvention annuelle de la colonie. Avec la seconde, la base de l'adjudication serait le prix de location des quais et du terre-plein de charbonnage. A Sainte-Lucie, l'emplacement des parcs à charbon est loué aux trois négociants 30,000 fr. par an.

La compagnie française des phosphates de l'Océanie désire vivement obtenir de la colonie un vaste terrain en long des quais, pour y établir des dépôts de phosphates. Rien ne s'oppose à ce que le terre-plein destiné au charbon soit suffisamment vaste pour être utilisé en même temps pour les phosphates, dans le cas où la compagnie française des phosphates de l'Océanie obtiendrait l'exploitation du dépôt de charbon : les mêmes engins de chargement et de déchargement pourraient servir en même temps pour les phosphates et pour le charbon.

La question de l'installation d'un dépôt de charbon à Papeete présente, à mon sens, une difficulté particulière. A Tahiti la main-d'œuvre manque totalement, on ne peut donc songer à employer les moyens rudimentaires des Antilles pour le débarquement et l'embarquement du charbon. Pour que le charbonnage soit pratiquement possible pour les navires de passage, il est nécessaire que le parc à charbon possède l'outillage le plus perfectionné. C'est donc une grosse dépense d'installation, hors de proportion, je crois, avec le chiffre d'affaires possible. On ne peut prévoir amortir ces frais d'installation par la seule vente du charbon, qui ne pourra jamais être important et qui pourra même disparaître complètement dans quelque dix ou quinze ans.

C'est pour cette raison que je pense que la Compagnie française des phosphates de l'Océanie est mieux placée que toute autre pour l'exploitation du parc à charbon. Ce sont probablement ses affrétés qui l'utiliseront le plus et, à condition d'avoir un outillage qui puisse être employé pour le phosphate et le charbon, elle sera certaine de ne pas faire de frais d'installation inutiles.

## CHAPITRE VIII

### TRAVAUX A EXÉCUTER DANS LE PORT DE PAPEETE

Le port de Papeete est, dès maintenant, en état de recevoir les navires qui traverseraient le canal de Panama, s'il était ouvert. M. Volmat, qui a exécuté des sondages très complets dans la passe, dit :

« Actuellement, la passe présente, sur une largeur de 65 mètres (40 mètres dans l'ouest de l'alignement des feux et 25 mètres dans l'est), au moins 9 mètres de profondeur ; la longueur à franchir n'est que de 70 mètres. »

Le port est donc accessible à des navires calant 8 m. 30, avec 70 centimètres sous la quille. Excepté les navires de guerre, c'est un tirant d'eau qui ne sera atteint et dépassé, dans la navigation du Pacifique, que dans quelques années.

Contrairement à ce qui existe à la Guadeloupe et à la Martinique, à Papeete l'appontement est public : sa longueur est de 180 mètres avec 6 mètres d'eau.

Pour faciliter l'escale, il y a lieu d'exécuter certains travaux :

1° Installation d'urgence d'un poste de télégraphie sans fil, pour relier la colonie avec le poste anglais des Fidji et de là, par câble, avec le reste du monde. Et cela, pour permettre d'attendre la réalisation du grand projet français ;

2° Eclairage de la route. Les navires venant de Panama reconnaîtront Fatu-Hiva, au sud-est des Marquises et contournant les îles Tua motu, en changeant de route à l'ouest de Matahiva. La construction d'un phare de 17 à 18 milles de portée, sur la côte nord de Matahiva est urgente : ce phare sera également utile aux navires venant de San Francisco.

Il y a lieu également d'installer un feu de faible portée sur l'îlot Est du groupe de Tetiaora. Comme il faut également augmenter la puissance du feu de la Pointe de Vénus, on pourrait installer à Tetiaora l'appareil actuel du phare de Tahiti. La route de Papeete à Wellington, passe à quelques milles des récifs Sud de Moorea; il y a lieu de prévoir l'éclairage du sud de cette île, à l'aide d'un phare d'une quinzaine de milles.

3° Certainement à tort la passe de Papeete a actuellement une mauvaise renommée. Pour qu'elle n'ait aucune influence sur le succès de l'escale, le moyen serait de commencer le plus tôt possible, les travaux d'amélioration de la passe. La meilleure réclame que l'on pourrait faire pour le port de Papeete, serait que l'on sache dans le monde que tous les navires qui traverseront le canal de Panama pourront entrer à Papeete. J'ai dit que j'estimais que tous les paquebots de la ligne Panama-Australie feraient escale à Papeete : ce sont certainement les plus gros navires qui traverseront le canal. Leur tirant d'eau est limité par la profondeur du canal sur le seuil des écluses, 12 m. 50; les navires calant 12 m. 25 pourront donc traverser le canal. Pour que ces navires, d'environ 80 mètres de largeur, puissent entrer à Papeete il faudra approfondir la passe à 13 mètres et l'élargir; les 65 mètres actuels seront certainement insuffisants à cause des courants traversiers. J'estime qu'il faudrait dès maintenant exécuter complètement ces travaux, à cause des difficultés de travail dans la passe quand elle sera plus utilisée et aussi pour une autre raison. La dépense la plus importante sera certainement l'achat de l'outillage; on risquerait beaucoup de ne plus le retrouver en bon état si on suspendait les travaux pour plusieurs années.

4° Il y a lieu de prévoir également la construction d'un quai vertical en ligne droite d'environ 600 mètres de longueur avec 12 m. 50 d'eau au moins. Ce quai partirait à peu près de la rue du Marché pour aboutir en face l'ancien arsenal. En raison du raz de marée de 1906, qui a relevé le niveau du Pacifique de 2 m. 10 environ, il y a lieu de prévoir une cote minima de 2 m. 50, pour le terre-plein à créer derrière ce quai.

Ce quai en ligne droite coûtera un peu plus cher qu'un quai en ligne brisée, mais il permettra une bien meilleure utilisation. On pourrait construire ce quai en trois fois : d'abord une longueur de 250 mètres environ au nord de l'appontement actuel. Terminer ensuite la partie Nord. En dernier lieu construire la partie Sud devant l'appontement actuel qui disparaîtrait.

5° Pour le dépôt de charbon, établissement d'un terre-plein de 200 à 300 mètres de longueur, en façade sur la mer, à peu près dans la direction Est-Ouest, devant l'ancien arsenal de la marine et la cale de halage. Ce terre-plein sera également établi à la cote 2 m. 50. Constructions d'un ou plusieurs appontements, pour desservir le terre plein. Ce serait un travail à entreprendre en même temps que l'amélioration de la passe.

6° Par suite de l'installation du dépôt de charbon, la cale de halage devra être transportée à l'Ouest sur le récif intérieur de Taunoa. On en profitera pour la reconstruire dans de meilleures conditions, afin de pouvoir l'utiliser pour des bateaux de 800 tonnes de déplacement. Ce sera plus que suffisant pour les petits navires appelés à faire le cabotage dans les établissements français de l'Océanie; elle pourra même être utilisée pour le stationnaire de la marine. La cale de halage devra être protégée contre l'ensablement par une digue ou enrochements. Il y aura lieu également d'ajouter à la cale de halage un appareil de levage d'une puissance de 15 à 20 tonnes. Cette grue ou cette bigue sera installée sur un ponton, pour pouvoir être utilisée, au besoin, par les navires qui seront à quai.

7° A Papeete, l'eau de la canalisation est excellente mais en quantité insuffisante : le débit descend à 15 litres 600 par seconde, en saison sèche. On pourrait l'augmenter dans de notables proportions, en allongeant la tranchée de prise et en construisant des réservoirs pour emmagasiner le débit nocturne, qui, actuellement, est presque entièrement perdu. Si, dans la suite, le débit devenait encore insuffisant, on aurait la ressource d'y ajouter l'eau de la Fautoua, captée à la sortie des turbines que va faire installer la société d'électricité. La dépense ne serait pas considérable, 3,000 à 4,000 mètres de canalisation ; on aurait une eau présentant toute garantie, puisque le pays en amont de la chute est inhabité. On serait certain d'avoir un débit supplémentaire d'au moins 42 litres : c'est le débit de la chute, à la fin de la saison sèche.

La construction de caniveaux dans toutes les rues de Papeete est également indispensable.

Il faudrait aussi, dès maintenant, prendre des mesures pour débarrasser le pays des moustiques, si on ne veut pas y voir de graves épidémies, le jour où Tahiti sera directement en relation avec les pays à fièvre jaune.

8° De renseignements fournis par le chef du service des travaux publics, il résulte, que lors du raz de marée de 1906, le niveau du Pacifique s'est relevé de 2 m. 10 à Papeete et dans les environs. Heureusement la mer était calme. S'il y avait eu de la houle, Papeete aurait été complètement détruite. Pour donner aux navires une sécurité absolue il faudrait renforcer la protection du récif extérieur, par une digue d'au moins 4 mètres de haut, construite sur la pente intérieure du récif, depuis Notu-Uta jusqu'au chenal de Taunoa Cette digue ainsi placée ne diminuerait pas l'entrée de l'eau par-dessus le récif, qui contribue à l'entretien des courants dans la passe et empêche les apports. Par suite de l'élargissement et de l'approfondissement de la passe, ces courants pourront peut-être diminuer. Pour maintenir dans la passe un courant suffisant et aussi pour la protéger contre les apports venant du récif de l'Ouest, on sera probablement amené à construire une digue sur les fonds de 4 à 5 mètres, pour prolonger le récif de l'Ouest dans une direction Sud-Ouest-Nord-Est.

*Bassin de radoub.* — Il n'y a pas lieu de prévoir, pour le moment, la construction d'un grand bassin de radoub de 305 mètres × 38 m. 55 et 12 m. 50 de profondeur, à Papeete. Si un jour le besoin s'en faisait sentir, on pourrait le construire sur le récif de Motu-Uta, en le protégeant par un endiguement suffisant.

La cale de halage reconstruite sur le récif de Taunoa, dans les conditions prévues ci-dessus, sera très suffisante pour les besoins locaux. Au lieu de sa reconstruction, on pourrait envisager son remplacement par un petit dock flottant de même puissance, mais c'est beaucoup d'entretien pour une colonie. On doit à la vérité de dire qu'on entretient beaucoup mieux les ouvrages à Tahiti que dans nos Antilles.

L'atelier des travaux publics, ancien atelier de l'artillerie, peut faire les petites réparations, en attendant que l'industrie privée soit suffisamment outillée.

## CHAPITRE IX

### DROITS DE PORT-TAXES

Peut-on espérer récupérer tout ou partie des dépenses nécessaires pour l'exécution des travaux indiqués ci-dessus ? Je pense que oui.

Nous avons vu, au chapitre III, ce que coûterait une escale à Tahiti pour des navires de trois types différents : *Maroni, Guadeloupe, Flandre*. Nous avons compté dans ces dépenses un droit de port, tout compris de 30 centimes par tonneau de jauge nette, comptée comme à Panama.

*Maroni :* Déroutement et perte de temps.............. 1.990f »
Droits de port : 0.30 × 1,244 =..... 373.20

Le droits fixés à 30 centimes augmenteraient de 18.7 p. 100 les frais inévitables de l'escale. Le chiffre de 373 fr. 20 est un peu plus élevé que celui donné par les armateurs américains à M. Johnson : 50 à 60 dollars.

Comme je persiste à croire que les cargos viendront peu ou pas à Papeete, où rien ne pourra les attirer, si ce n'est un dépôt de phosphates, je pense qu'il serait préférable de réduire de beaucoup ce droit et de le ramener pour les cargos à 10 centimes et même 5 centimes le tonneau de jauge nette.

Les navires faisant uniquement le cabotage dans les établissements français de l'Océanie ne payeraient aucun droit ; toutes les dépenses que l'on pourra faire dans le port de Papeete ne leur seront d'aucune utilité.

Pour les paquebots types *Guadeloupe* et *Flandre*, les dépenses d'escale étaient :

*Guadeloupe :* déroutement et perte de temps.......................... 9.000 »

Droits de port, 0,30 × 1,903........ 570 90

Les droits de port fixés à 30 centimes augmenteraient de 6.8 p. 100 les frais inévitables de l'escale.

*Flandre:* déroutement et perte de temps..................... 11.287 50

Droits de port 0,30 × 3,027........ 908 10

Les droits de port fixés à 30 centimes augmenteraient de 8 p. 100 les frais inévitables de l'escale.

J'estime que l'escale à Tahiti est la carte forcée pour les paquebots ou bateaux mixtes de la ligne Australie-Panama. Comme ce sont ces navires qui profiteront surtout des travaux que l'on exécutera à Papeete, je n'hésiterai pas à leur appliquer cette taxe unique de 30 centimes par tonneau de jauge nette. J'y ajouterai même un droit par passager de 5 à 10 fr. Actuellement, les navires payent comme droits de phare dans le port de Papeete, 375 millimes par tonneau de jauge. Les navires français venant de l'extérieur de la colonie en sont exemptés. C'est donc bien supérieur au droit unique de 30 centimes, que je propose d'appliquer au tonneau de jauge nette, mesuré comme à Panama.

Je pense que dans les premières années qui suivront l'ouverture du canal de Panama, il y aura sur la route Panama-Tahiti-Australie: une ligne allemande mensuelle, une ligne anglaise mensuelle, et peut être même une ligne française également mensuelle, qui desservirait aussi la Nouvelle-Calédonie.

Le mouvement de voyageurs entre l'Amérique du Nord, la Nouvelle-Zélande et l'Australie continuera à se faire par San-Francisco. Il y a tout lieu de croire que l'Union Steamship Cº New-Zeland maintiendra sa ligne San-Francisco-Tahiti Wellington-Sydney.

Il n'y a aucune exagération à prévoir des bateaux du type *Flandre*, pour les lignes allemandes et anglaises, un bateau du type *Guadeloupe* pour la ligne française. Le tonnage moyen de la ligne de l'Union Steamship Cº se rapproche beaucoup du type *Guadeloupe*.

On aurait donc comme produit des droits de port:

Ligne allemande, 24 escales à 908 fr. 10............... 21.794 40
Ligne anglaise,24 escales à 908 fr.10. 21.794 40
Ligne française,24 escales à 570 fr.90 13.701 60
Ligne U.S.S.Cº,24 escales à 570fr.90 13.701 60

70.992 »

Les voyageurs d'Europe en Nouvelle-Zélande et en Australie donneront probablement la préférence à la route de Panama: la traversée de la mer des Antilles est bien moins pénible que celle de la mer Rouge et on ne rencontre pas dans le Pacifique les terribles moussons de l'océan Indien, qui rendent la navigation si dure. Il me paraît très modeste d'estimer à 150 en moyenne le nombre des passagers à bord d'un paquebot type *Flandre*, ligne allemande ou anglaise, à 100 en moyenne le nombre des passagers à bord du paquebot français type *Guadeloupe*, et à 50 celui des passagers à bord du navire de l'U.S.S.Cº. Il m'a été impossible de me procurer le nombre actuel de passagers entre l'Europe et l'Australie, tant sur les paquebots des messageries maritimes que sur les lignes étrangères. En admettant une taxe minimum de 5 fr. par passager on percevra de ce fait:

Ligne allemande.150×24 = 3.600 passagers.
Ligne anglaise, 150×24 = 3.600 —
Ligne française. 100×24 = 2.400 —
Ligne U.S.S.Cº 50×24 = 1.200 —

En tout......... 10.800 passagers,

soit de ce fait une recette d'au moins 54.000 fr. J'estime donc qu'on pourrait obtenir 125.000 fr. de l'escale des paquebots et bateaux mixtes.

On pourrait également appliquer au charbon les mêmes droits qu'à Sainte-Lucie, où ils ne sont pas exagérés. Cette colonie anglaise a dépensé 2.500.000 fr. pour l'établissement de son dépôt à charbon.

Le terre-plein est loué 30.000 fr. aux trois négociants. Les navires charbonniers qui viennent approvisionner Sainte-Lucie payent 1 s. 3 d. par tonne de jauge nette, soit environ 70 centimes par tonne de charge. Le charbon débarqué paye 6 d. la tonne, soit 65 centimes; le charbon embarqué paye également 65 centimes. La tonne de charbon rapporte donc au port environ 2 fr. Comme en année moyenne on vend environ 80.000 tonnes, la location du terre-plein revient à peu près à 40 centimes la tonne.

Le charbon coûte à Norfolk tout arrimé.................... 14 25
Fret d'Amérique à Sainte-Lucie....... 7 50
Droits de port.................. 2 »
Occupation du terre-plein........... 40

Prix de revient................ 24 15

Comme le charbon est vendu environ 29 fr. les négociants ont donc à peine 5 fr. pour déchargement, chargement et bénéfices.

Il est à peu près certain qu'aucun bateau venant d'Australie ne charbonnera à Tahiti. Il aura à Sydney du charbon à 18 fr. 60 la tonne, alors que le même à Papeete en coûterait au moins 35 fr.: soit une perte de 16 fr. 40 à la tonne.

En admettant que de gros paquebots du type *Flandre* qui devraient prendre plus de 3.000 tonnes à Colon, pour aller jusqu'à Wellington, en prennent un peu moins et préfèrent compléter leur approvisionnement avec 400 ou 500 tonnes à Papeete, la fourniture annuelle de ce fait serait d'environ 12.000 tonnes. En y ajoutant quelques milliers de tonnes, pour des fournitures éventuelles à des cargos et la consommation de la compagnie française des phosphates, ou arrivera péniblement à 20.000 tonnes. Ce chiffre est pour moi un maximum.

En adoptant les tarifs de Sainte-Lucie on pourrait donc obtenir 10.000 fr. pour la location du terre-plein (la colonie se chargeant de sa construction), dont une partie pourrait être employée à un autre usage pour le concessionnaire. Un droit de 1 fr. par tonne de charbon débarqué et le même droit par tonne embarquée donnerait environ 40.000 fr., puisque la consommation à Tahiti même est nulle.

Le dépôt de charbon pourrait donc fournir un appoint de 50.000 fr. aux recettes du port.

La recette totale de 175.000 fr. suffirait probablement à couvrir l'intérêt du capital nécessaire pour exécuter la partie urgente des travaux: Poste de télégraphie sans fil, éclairage de la route, travaux de la passe, dépôt de charbon, longueur de quai de 250 mètres.

Pour les autres travaux: achèvement des quais, digues de protection, on attendrait pour les exécuter que le besoin s'en fasse sentir, et, dans ce cas, les recettes auraient augmenté.

La réfection de la cale de halage est de toute manière une dépense à faire, même en admettant qu'on la laisse en place, elle n'est donc pas comprise dans les frais d'aménagement du port. Il en est de même des frais d'amélioration de la captation d'eau et de construction de caniveaux à Papeete, qui incombent à la municipalité.

En 1910, les recettes du port de Papeete ont été:

Droits de phare................ 5.193 40
Eau prise aux aiguades.......... 3.705 90
Droits sanitaires.............. 632 10

9.531 40

Les dépenses du chapitre 6 (Ports et rades) qui s'appliquent presque entièrement au port de Papeete ont été de 34.548 fr. 42 dont 19.539 fr.02 pour le personnel et 15.009 fr. 40 pour le matériel.

La société commerciale d'affrètements et de commission a eu l'obligeance de me communiquer l'enquête qu'elle a faite en novembre dernier, sur les taxes de ports payées par les navires qui se ravitaillent en charbon à Marseille, Bône, Tunis, Oran et Bizerte. Je crois utile de reproduire en entier ce document.

On pourra se rendre compte que la taxe de 5 centimes par tonneau de jauge nette proposée pour les cargos faisant escale à Papeete n'est pas exagérée. Le *Boukadra*, navire qui a été pris comme base de l'enquête, payerait avec cette taxe à Papeete: 0,05 × 2,356 — 117 fr. 80. D'après les documents ci-dessous, il payerait: à Alger, 96 fr. 40; à Bône, 144 fr. 35; à Tunis, 204 fr. 44; à Oran, 112 fr. 50; à Bizerte, 92 fr. 12.

On ne peut songer à Papeete à mettre une taxe plus élevée sur les cargos qui viendront y faire des opérations commerciales. En réalité, ce sont les marchandises importées et exportées qui payeraient ces droits. Le phosphate, qui entrera pour une grande part dans le tonnage de l'exportation, paye déjà un droit de sortie de 75 centimes par tonne. Avec une taxe élevée le commerce local ne bénéficierait pas de la réduction du taux des frets que l'on est en droit d'escompter si l'escale est fréquentée.

*Enquête sur les taxes de port à Marseille, Alger, Bône, Tunis, Oran et Bizerte.* — Nous avons pris comme base de notre enquête le steamer *Boukadra*, portant une cargaison de charbons de 5.622 tonnes et dont la jauge nette est de 2.356 tonnes.

1º A Marseille. C'est là un grand port de commerce, mais qui cependant n'est pas un port régulier de charbonnage. Les autorités ont malgré tout avantage à attirer les navires qui ont besoin de charbons de soutes et le steamer *Boukadra*, mentionné ci-dessus, aurait à payer, soit que sa cargaison soit destinée à être livrée comme charbons de soutes aux navires de passage, les droits suivants:

Droits de quai par tonne de jauge, 50 centimes.

Péage par tonne de jauge, 40 centimes.

Droits sanitaires par tonne de jauge, 10 centimes.

Garde-feu par jour de séjour, 3 fr.

Droits d'octroi pour la durée de séjour, environ 30 fr.

Frais divers (voiture, télégraphe, etc.), 100 fr.

Agence, 150 fr.

Remorqueurs, si nécessaire (pour mémoire).

Pilotage, suivant la ligne où le bateau est pris, le tarif est le suivant, par tonne de jauge:

1re ligne : 0,11 le jour, 0,12 la nuit.

2e ligne : 0,08 1/4 le jour, 0,09 la nuit.

3e ligne : 0,02 3/4 le jour, 0,03 la nuit.

Pour la sortie, le tarif est de 0,07 1/2 par tonne de jauge, de jour ou de nuit.

Par contre, le même vapeur n'aurait à payer, si au lieu d'apporter une cargaison à Marseille, il venait, au contraire, y prendre seulement 300 tonnes de charbons de soute, que les droits de pilotage, d'entrée et de sortie, suivant tarif ci-dessus, et suivant son séjour, le garde-feu et les droits d'octroi, c'est-à-dire 7 à 8 fr. Il n'aurait donc pas à payer les autres droits.

2º A Alger, qui est considéré comme un port régulier de charbonnage, le steamer *Boukadra*, mentionné ci-dessus, aurait à payer, que sa cargaison soit destinée à la consommation à terre, soit qu'elle soit destinée à une livraison de charbons de soutes aux navires de passage, les droits suivants:

Droits de quai 50 centimes par tonne de jauge, soit.................... 1.178 25
Droits sanitaires 10 centimes par tonne de jauge. soit.......... 235 60
Droits de péage, 10 centimes par tonne métrique............. 562 30
Passeport................. 1 25
Pilotage................. 70 80
Amarrage et démarrage........... 13 »
Honoraires du consul anglais....... 3 15
Manifeste et déclarations en douane 40 »
Agence................... 125 »
Bateau du bureau sanitaire........ 3 »
Inspecteur de la navigation........ 20 »
Défenses à rats.............. 2 50

Total.................. 2.254 85

Par contre, ce même vapeur n'aurait à payer si, au lieu de porter une cargaison de charbons, il venait, au contraire, prendre 300 tonnes de charbons de soutes et même plus, que les droits suivants:

Passeport .................. 1 25
Pilotage .................. 47 15
Amarrage et démarrage......... 10 »
Déclaration à la douane et au bureau sanitaire .................. 12 50
Manifeste et expédition en douane.... 20 »
Bateau du bureau sanitaire........ 3 »
Défenses à rats .............. 2 50

Total................. 96 40

3º A Bône, qui est un port de commerce d'importance secondaire, ledit steamer *Boukadra* aurait à payer, que sa cargaison soit destinée à la consommation à terre ou à la consommation des steamers relâcheurs:

Droits de santé, 10 centimes par tonne de jauge nette............... 235 60
Droits de port,50 centimes par tonne de jauge nette.............. 1.178 10
Droits de quai,50 centimes par tonne de jauge nette.............. 1.178 10
Pilotage, entrée et sortie.......... 94 35
Amarrage et démarrage......... 25 »

2.711 15

Si, au contraire, ledit steamer relâchait à Bône pour y charbonner seulement, il n'aurait à payer:

1º Expédition en douane........... 25 »
2º Pilotage ................. 94 35
3º Amarrage et démarrage ........ 25 »

144 35

4° A Tunis qui, comme Bône, est un port de commerce, mais qui prend de plus en plus de développement, le steamer *Boukadra* aurait à payer en arrivant avec une cargaison de charbons destinée à la consommation à terre ou à la consommation des steamers relâcheurs, un minimum de :

3 centimes par tonne de jauge nette et par jour, pour un minimum de 10 jours,

| | |
|---|---:|
| 0 fr. 03 × 10 × 2.356, soit............ | 706 80 |
| 1 fr. par tonne débarquée.......... | 5.622 » |
| Droits sanitaires.................... | 90 20 |
| Amarrage et démarrage............. | 25 » |
| Droits consulaires, environ........ | 40 » |
| | 6.484 » |

Si, au contraire, il venait simplement pour y prendre des charbons de soutes, il n'aurait à payer au maximum que :

2 centimes par tonne de jauge nette et par jour, pour un maximum de 2 jours, 0 fr. 02 × 2 × 2.356,

| | |
|---|---:|
| soit............................... | 94 24 |
| Droits sanitaires.................... | 45 20 |
| Amarrage et démarrage............. | 25 » |
| Droits consulaires.................. | 40 » |
| | 204 44 |

5° A Oran, qui est, comme Alger, un port de ravitaillement pour relâcheurs, le steamer *Boukadra* aurait à payer, en arrivant avec une cargaison de charbons destinée à la consommation terrestre :

| | |
|---|---:|
| Passeport à la douane.............. | 1 25 |
| Pilotage........................... | 94 35 |
| Pilote............................. | 5 » |
| Amarrage et démarrage............. | 15 » |
| Droits de quai, 50 centimes par tonne net register.................... | 1.178 25 |
| Droits sanitaires, 10 centimes..... | 235 85 |
| Taxe locale, 50 centimes par tonne de cargaison..................... | 2.811 10 |
| Traduction du manifeste........... | 12 50 |
| Déclaration en douane............. | 40 » |
| Consul............................. | 3 15 |
| Canot.............................. | 1 50 |
| | 4.397 95 |

Si, au contraire, la cargaison de charbons apportée était destinée au ravitaillement des relâcheurs en charbons de soutes, le steamer *Boukadra* verrait la taxe locale perçue seulement à raison de 25 centimes au lieu de 50 centimes, ce qui apporterait une réduction de 1,405 fr. 50 dans ses droits.

Il est donc évident que lors de l'affrètement d'un semblable steamer, l'importateur à Oran d'une cargaison de charbons destinée au ravitaillement des steamers aura soin de prévenir l'armateur qu'il n'aura à payer la taxe locale que sur la base de 25 centimes au lieu de 50 centimes et que de ce fait lui, importateur, affréteur, obtiendra de l'armateur un fret de 25 centimes par tonne inférieur à celui qu'il aurait à payer si la cargaison était destinée à la consommation à terre.

Voilà une première forme de la prime à ce commerce des charbons de soutes dont nous avions parlé au commencement de la présente.

Dans ce même port d'Oran, si le *Boukadra* venait se ravitailler uniquement en charbons de soutes, il n'aurait à payer que :

| | |
|---|---:|
| Rapport de mer.................... | 12 50 |
| Passeport.......................... | 1 25 |
| Amarrage et démarrage............. | 15 » |
| Pilotage........................... | 47 25 |
| Canot.............................. | 10 » |
| Expédition en douane.............. | 20 » |
| Location de canot pour le service sanitaire............................ | 5 » |
| Gardien sanitaire.................. | 1 50 |
| Total.......................... | 112 50 |

6° A Bizerte, dont les autorités cherchent à faire un port de ravitaillement, le *Boukadra* aurait à payer en arrivant avec une cargaison de charbons :

| | |
|---|---:|
| 1° Droits d'abri 3 centimes de jauge nette par jour pour un minimum de 10 jours, 0,03 × 10 × 2,356, soit.... | 706 80 |
| 2° Droits fixes de phare......... | 90 » |
| 3° Droits de débarquement sur 5,622 tonnes à 1 fr.................. | 5.622 » |
| Total......................... | 6.418 80 |

Si les charbons composant la cargaison ainsi importée sont livrés en totalité ou en partie à des relâcheurs, la compagnie du port rembourse aux importateurs de la cargaison 50 centimes par tonne ainsi livrée comme charbons de soutes.

En conséquence, si toute la cargaison importée est livrée comme charbons de soutes, l'importateur, après la livraison, reçoit des autorités du port, sur les droits payés du *Boukadra*, une ristourne de 5,622 × 0.50 = 2,811 fr., qui forme ainsi une réelle prime accordée au commerce des charbons de soutes.

Si ce même steamer *Boukadra* venait simplement à Bizerte pour s'y approvisionner en charbons de soutes, les droits qu'il aurait à payer pour un séjour de vingt-quatre heures, très suffisant pour son ravitaillement, n'excéderaient pas :

| | |
|---|---:|
| Droits fixes de phare.............. | 45 » |
| Droits de pilotage, abri et stationnement, 0.02 × 2,356............ | 47 12 |
| | 92 12 |

## CHAPITRE X

LA TRANSFORMATION DU PORT DE PAPEETE EN PORT D'ESCALE AURA-T-ELLE UNE GRANDE INFLUENCE SUR LA PROSPÉRITÉ DES ÉTABLISSEMENTS FRANÇAIS DE L'OCÉANIE ?

L'état léthargique dans lequel se trouvent actuellement nos établissements français de l'Océanie tient à plusieurs causes, mais surtout à leur isolement du reste du monde. Sans nous exagérer le succès de l'escale de Papeete, nous avons dit qu'on pourrait compter sur l'arrêt de tous les paquebots et bateaux mixtes. Ces navires tâcheront d'y déposer ou d'y prendre quelques centaines de tonnes de marchandises, ce qui les dédommagera d'une partie de leurs frais. Il en résultera certainement un abaissement considérable des frets, qui sont très élevés actuellement et que l'on peut espérer voir diminuer peut-être de moitié. Jusque l'année dernière, tous les transports étaient monopolisés par l'Union Steamship Cᵒ. A part quelques affrétés pour le transport des bois de construction toutes les marchandises échangées avec les Etats-Unis passent encore par les bateaux de l'U. S. S. Cᵒ : le prix du fret de San-Francisco à Tahiti est de 45 fr. la tonne.

Cette même compagnie qui touche 156,000 fr. pour son service postal entre la colonie et San-Francisco et 18,000 fr. pour son service postal entre la colonie et la Nouvelle-Zélande, transportait avec ses courriers et son bateau mensuel le *Talune* tous les échanges commerciaux avec la Nouvelle-Zélande et l'Australie. Le prix du fret entre Papeete et Sydney est de 45 fr., entre Papeete et Auckland 37 shillings, soit 46 fr. 75. C'est également par ces bateaux que venaient toutes les marchandises d'Angleterre, avec un fret de 75 fr. pour les choses lourdes, tôles, peintures, et 87 fr. 50 à 90 fr. pour les marchandises générales. Tous les échanges commerciaux avec la France passaient par les messageries maritimes, de Marseille à Sydney et de là à Papeete, par les navires de l'U. S. S. Cᵒ moyennant un fret de 53 fr. la tonne ou le mètre cube, applicable à toutes les marchandises. Par cette voie, les frets entre la France et la colonie varient de 85 à 135 fr. la tonne ou le mètre cube, suivant la nature des marchandises, même après la baisse de tarif accordée par les messageries maritimes, à partir du 1ᵉʳ janvier 1912.

L'établissement de la ligne de la compagnie navale de l'Océanie, qui aura prochainement six bateaux par année faisant le service entre Anvers, Calais, Bordeaux, le Cap, l'Australie, Nouvelle Calédonie, Tahiti, Montevido, Saint-Nazaire, Anvers, a mis à la disposition des négociants de Tahiti, des frets bien moins élevés pour les échanges avec la France. Le ciment en barils paye 50 fr. la tonne, les autres marchandises venant de France payent, pour le caissage, 70 fr. le tonneau (de 1 mc. 44) ; pour les barriques 90 fr. le tonneau. Pour les retours en Europe les frets sont de 70 fr. le tonneau pour divers et de 65 à 75 fr. le tonneau pour les coprahs, nacres, etc. Les navires de cette compagnie permettent en outre de faire venir les marchandises, directement de France, sans transbordement. On ne peut que souligner l'heureuse influence que le passage de ces navires à Tahiti a eu sur les échanges de la colonie avec la métropole.

| ANNÉES | IMPORTATIONS | EXPORTATIONS | TOTAUX | COMMERCE extérieur. |
|---|---:|---:|---:|---:|
| 1908 | 614.768 | 141.906 | 756.674 | 7.013.189 |
| 1909 | 796.581 | 115.371 | 911.952 | 9.664.372 |
| 1910 | 1.060.997 | 246.330 | 1.307.327 | 11.690.656 |
| 1911 | 1.311.681 | 528.842 | 1.807.523 | 14.725.769 |

De 1908 à 1911 l'augmentation des échanges commerciaux de la colonie avec la métropole a été de 139 p. 100.

Dans le même laps de temps l'augmentation de tout le commerce extérieur de la colonie n'a été que de 110 p. 100 et l'augmentation de ses échanges commerciaux, avec les pays autres que la métropole, n'a été que de 106,5 p. 100.

Le commerce de la métropole bénéficiera certainement des facilités de transport que l'ouverture du canal de Panama procurera aux négociants de Tahiti dans leurs échanges avec la mère-patrie. Certains produits très demandés en Europe, comme les fibres de cocos, qui se trouvent en abondance dans la colonie et sont actuellement sans valeur, pourront probablement être exportés.

Mais le plein développement de la colonie restera subordonné à la solution de deux questions, indépendantes de l'aménagement du port de Papeete :

1° Difficultés d'achat des propriétés. Tahiti, comme la plupart des îles du Pacifique, peut recevoir une colonisation européenne. Or actuellement les étrangers ne peuvent s'y fixer : pratiquement il leur est impossible d'acheter des terres. On pourra essayer d'y remédier en créant un cadastre ; en appliquant l'act Torrens ; en obligeant l'indigène à mettre en valeur ses propriétés ou à s'en défaire. Il faudrait mettre un impôt très élevé sur les propriétés cultivables et non cultivées, après un certain délai. Par contre, il sera nécessaire d'organiser un crédit agricole qui pourra mettre à la disposition des propriétaires les capitaux nécessaires à la mise en valeur de leurs terres.

2° Difficultés de main d'œuvre. Elle manque. On ne peut compter sur les indigènes, qui sont d'ailleurs peu nombreux, tiennent beaucoup à leur indépendance et préfèrent cultiver leur vanille.

L'exécution des travaux du port fournira l'occasion d'essayer l'importation d'une main-d'œuvre européenne, dont la majeure partie, cédant au charme de l'île, s'y établira définitivement.

RAYMOND DOUVRY.

### C

### RAPPORT DU COMMANDANT DE LA « ZÉLÉE »

*Le lieutenant de vaisseau Bienaymé, commandant la Zélée, à M. le ministre de la marine.*

A bord, Papeete, le 26 juillet 1912.

Monsieur le ministre,

J'ai été jusqu'à présent fort pris par les travaux de la mission Jullidière. La mission s'est rendue en divers points intéressants, tels que Port-Phaëton, l'île de Mata-Hiva (la plus Nord des Pomotous), et celle de Makatea. Cette dernière contient une exploitation de phosphates et était intéressante pour nous au point de vue économique. Elle a visité ces îles avec un petit vapeur que la compagnie des phosphates a mis à notre disposition. La mission a reconnu divers choses utiles pour les travaux à entreprendre, tels que les eaux et carrières de la région, le récif, la passe, etc.

La mission Jullidière doit partir pour la France par ce même courrier.

. . . . . . . . . . . . . . . . . .

À PROPOS DE LA MISSION JULLIDIÈRE

Je joins à cette lettre un procès verbal des opérations de la mission et une note y annexée. Le rapport d'ensemble ne peut être dressé qu'au retour en France de M. Jullidière. et de M. Douvry.

En attendant qu'il vous soit communiqué, je me permets, monsieur le ministre, de m'étendre ici sur quelques points intéressants, spécifiés par les instructions pour la mission en date du 4 janvier 1912.

1° Y a-t-il lieu de créer un établissement maritime important, muni de quais, d'engins de levage, formes de radoub ou de docks flottants, de parc à charbon, qui servirait de port d'escale aux navires traversant l'isthme.

La mission estime à ce sujet que ledit établissement ne doit pas être de prime abord créé important mais qu'il doit être créé proportionné aux nécessités actuelles et tel cependant qu'il puisse par la suite être adapté aisément à des besoins plus considérables. Ceci conduit à rechercher quelle sera la clientèle immédiate et à venir de ce port et cette chose n'est pas aisée à définir.

Pour la clientèle à venir, c'est à peu près impossible ; pour l'immédiate, nous pensons qu'il peut passer par ce port une dizaine de bâtiments par mois, mais en somme personne ne peut garantir qu'ils y feront escale (nous ne tenons pas compte, bien entendu, des navires qui seront conduits ici par les besoins du port lui-même).

Dans de telles conditions, il ne nous paraît pas que le port doive être créé important de suite, au point de vue du commerce général. Aux autres points de vue qui sont ceux de la colonie et des îles y afférentes, et de la marine, ce que l'on fera sera un grand bienfait, mais là encore rien de grand ne semble nécessité. Il suffit de ménager la possibilité d'agrandissements ultérieurs.

Pour ce qui est de la forme de radoub en particulier, nous estimons un pareil travail superflu. Un dock flottant serait peut être utile par la suite sans qu'on puisse déterminer dès à présent quel serait son tonnage. Une cale de halage pour les nombreux petits caboteurs est indispensable. L'actuelle, améliorée, et peut-être déplacée suffirait.

2° La mission doit envisager la concurrence possible des colonies étrangères voisines, qui serait de nature à rendre stériles les efforts faits sur notre territoire. Elle se placera pour conclure, ajoutent les instructions, au point de vue du développement économique de nos colonies, ainsi que des intérêts de la marine, de l'industrie et du commerce français.

La mission ne pense pas que la concurrence susvisée se produise ; les colonies étrangères voisines sont trop éloignées de la route Panama-Australasie et les nôtres occupent une situation optima.

Mais nous pensons que pour l'importance à venir de notre port, il y a lieu d'assurer dès maintenant le développement économique de la place et de la région dont elle est le centre. Cette chose est évidente, puisque le faible mouvement actuel suffit à leurs frets d'aller et retour.

Il n'est pas douteux que l'on peut arriver à développer nos îles en telle manière que leurs consommations et productions accrues arrivent un jour à nécessiter par elles-mêmes un mouvement notablement plus fort. Cette question est considérable mais certes on ne peut attendre de l'avoir résolue pour faire le port.

La mission conclut donc à la nécessité de l'entreprendre au plus tôt.

Si les conclusions de la mission sont positives (elles le sont) elle étudiera en quel point précis il convient de créer les installations dont il s'agit en tenant compte de la nécessité de concentrer autant que possible sur un établissement unique de chaque côté de l'isthme l'effort à faire.

Par ailleurs, les instructions portent :

La mission visitera en Océanie : Tahiti, où l'on étudiera spécialement le port de Papeete ; l'île de Rapa, avec possibilité de supprimer la visite de l'île de Rapa.

La mission n'a pas cru devoir visiter l'île de Rapa, ce point lui paraissant présenter de notables infériorités sur Tahiti.

Voici comment s'est posé ce débat :

L'arc de grand cercle Panama-Sydney passe non loin de Rapa. Si, au lieu de le suivre, on passe par Tahiti, la route s'en trouve allongée de 225 milles. Mais les instructions nautiques elles-mêmes N. 939, P. 128 et 129, portent que cet arc de grand cercle est la route Sydney-Auckland Panama, mais non l'inverse, laquelle est la route Auckland, route directe. Il suffit de le tracer sur la carte et de considérer sa situation par rapport au tropique, c'est-à-dire par rapport aux vents généraux Sud-Est et Nord et Ouest au Sud, pour saisir cette nécessité. Donc il nous a semblé déjà acquis que Rapa ne serait escale normale que pour la moitié du transit.

Au surplus, les importations de l'Amérique en Australie et Nouvelle-Zélande étant beaucoup plus importantes que le mouvement inverse, il est probable que bien des bâtiments auront, au retour, toute facilité de se bonder de charbon australien ou zélandais, évitant ainsi d'avoir à en acheter en route à un prix plus élevé.

Mais il y a encore bien d'autres considérations.

Nulle étude n'a été faite sur la production de l'eau douce à Rapa. On sait qu'il y pleut beaucoup et certaines personnes ont pensé qu'on pourrait y barrer des vallées pour créer des réservoirs.

Tout cela est très vague et représente un gros travail. A Tahiti, au contraire, on pourra aisément se procurer toute l'eau désirable. La mission a d'ailleurs étudié particulièrement ce point.

En outre, Tahiti, riche par elle-même, est le centre économique des Pomotous et des îles-sous-le-Vent. Rapa n'est le centre de rien et celle île est au surplus presque dépeuplée et dans une grande misère. Une importante création industrielle et commerciale y serait très difficile à mener à bien, et tout à fait en marge du développement économique de nos îles.

L'établissement du port de Rapa présente à la seule lecture de la carte des travaux bien plus considérables que n'en présente Papeete ; le mouillage de Rapa ne donne pas toutes garanties. Il y tombe de la montagne des rafales violentes qui font chasser les bâtiments à l'ancre. A Papeete le mouillage est excellent. Nous ne relevons en cet ordre d'idées qu'un danger. Il y a eu un rez de marée en 1903 ; peut-être pourra-t-il y en avoir encore. Mais nous devons dire d'abord que de mémoire d'homme on n'en avait jamais vu ici et que cet inconvénient peut se produire dans tous les pays tropicaux.

La mission a étudié les conditions selon lesquelles s'est mené le raz de marée et elle proposera une protection contre le retour possible d'un pareil danger (celui de 1906 n'avait d'ailleurs pas été destructeur parce que le vent ne soufflait pas de la mer).

La mission n'a donc par jugé que Rapa fût l'escale indiquée.

A Tahiti, elle à tenu à visiter Port-Phaëton. Il ne lui a pas paru que les avantages de ce point fussent de nature à évincer Papeete. Les travaux y seraient bien plus considérables pour l'établissement de la passe et sans doute aussi pour celui des quais.

4° La mission est aussi appelée à dresser un avant-projet d'ensemble des travaux à effectuer dans chaque port avec estimation de la dépense.

5° La mission doit enfin donner un avis sur les taxes qui pourraient être imposées aux navires transitants.

Ces deux parties du programme ne sont pas encore tout à fait établies. Elles seront fixées dans le rapport d'ensemble de la mission, qui ne peut être fait qu'à sa rentrée en France. Une copie de ce rapport sera, je pense, adressée par le ministre des colonies à celui de la marine.

Je dois cependant dire ici un mot de la question éclairage des routes.

Sous la rubrique N. projet. la mission a étudié l'éclairage des routes des vapeurs passant par Tahiti. Elle propose l'établissement d'un phare à Matahiva, la plus Nord des Pomotous, et d'un autre plus faible à Tétiaroa (au nord de Tahiti).

Il est possible que plus tard la route de Panama à Tahiti soit menée, plus courte de 70 milles, passant à travers les Pomotous au nord de Fakarawa. Il faudra en ce cas prévoir un tout autre éclairage, bien plus important d'ailleurs.

Mais la première route peut être éclairée beaucoup plus vite ; au surplus, il n'est pas certain que les compagnies de navigation et d'assurance admettent le passage dans les Pomotous (il leur faudra quelque temps pour s'y faire). De plus, l'éclairage de Matahiva et de Tétiaroa ne sera jamais perdu, c'est la route de San-Francisco.

L'avis de la mission sur cette question des phares à l'Est de Tahiti, c'est-à-dire pour les routes venant de la partie Est, est donc d'assurer le passage au Nord des Pomotous et de réserver pour plus tard le passage par l'intérieur de ces îles.

Pour ce qui est des routes de Tahiti vers la partie Ouest, nous pensons qu'il y a lieu de prévoir l'éclairage du sud de l'île Moorea à l'aide d'un phare d'une quinzaine de milles.

Signé : BIENAYMÉ.

---

## D

### RAPPORT DU COMITÉ DES TRAVAUX PUBLICS DES COLONIES

#### COMITÉ DES TRAVAUX PUBLICS DES COLONIES

SÉANCE DU 28 AVRIL 1913

**Création d'un port d'escale dans les colonies françaises de l'Océanie.**

Le comité des travaux publics a été saisi des rapports établis par les membres de la mission chargée d'étudier les conséquences de l'ouverture du canal de Panama en ce qui concerne les colonies françaises de l'Océanie.

Aux termes de la lettre d'envoi de M. l'inspecteur général Boutteville, la première question qui se pose, et sur laquelle les membres de la mission eux-mêmes n'émettent pas un avis absolument identique, est de savoir s'il y a lieu de créer dans les établissements français de l'Océanie, et en particulier à Tahiti, un grand port d'escale permettant aux navires allant de l'isthme de Panama en Australasie, ou *vice versa*, de charbonner et de se réapprovisionner.

A cette question, M. Jullidière, chef de la mission, conclut par l'affirmative, et il a établi un programme des travaux à exécuter dans le port de Papeete et aux abords, pour lequel il a fourni une évaluation montant pour les travaux de première urgence à 5,500,000 fr. et les travaux de seconde urgence à 4,500,000 fr.

D'autre part, la société d'études pour l'établissement de ports dans les colonies françaises a demandé la concession avec garantie d'intérêt de la construction et de l'exploitation du port de Papeete dans lequel elle se propose d'établir un important dépôt de charbon.

La mission comprenait :

M. Jullidière, ingénieur en chef des ponts et chaussées, directeur général honoraire des travaux publics de l'Indo-Chine, délégué par le ministre des colonies, chef de la mission.

Pour les Antilles, M. le lieutenant de vaisseau Hallier, commandant la défense fixe de Fort-de-France, et pour l'Océanie, M. le lieutenant de vaisseau Bienaymé, commandant la *Zélée*, désignés par le ministre de la marine.

M. Douvry, ingénieur des arts et manufactures, désigné par le ministre du commerce et de l'industrie.

Les rapports établis séparément par chacun des membres de la mission, ainsi que le dossier relatif à la demande de la société d'études ont été transmis pour avis à une commission composée de :

MM. Ribière, président du comité des travaux public des colonies.
Renaud, directeur d'hydrographie.
Lahonde, capitaine de vaisseau.
Barbé, ingénieur en chef des ponts et chaussées.

Le comité, après en avoir délibéré, a adopté le rapport et les conclusions ci-après :

#### CHAPITRE 1er

UTILITÉ D'UN PORT D'ESCALE DANS LES ÉTABLISSEMENTS FRANÇAIS DE L'OCÉANIE ET EN PARTICULIER À TAHITI

*Trafic probable entre Panama et l'Australasie quelques années après l'ouverture du canal.*—Parmi les directions que peut suivre la navigation en partant de Panama vers l'Ouest, la route vers l'Australasie est la seule qui intéresse l'Océanie française. La recherche du tonnage probable dans cette direction, quelques années après l'ouverture du canal de Panama, est la première étude qui s'impose.

Les membres de la mission ont eu recours à cet effet aux travaux de M. Emory Johnson, commissaire américain chargé d'évaluer le trafic probable du canal.

M. Johnson a recherché les corrections qu'il convient d'apporter aux statistiques des mouvements de la navigation entre les principaux ports, pour tenir compte de l'ouverture de la nouvelle voie de communication. Il a de la sorte évalué le tonnage existant en 1910 qui aurait eu intérêt à utiliser le canal de Panama; puis observant que le commerce des contrées étudiées se développe d'année en année dans une certaine proportion, il a appliqué cette proportion à ses résultats pour déterminer le tonnage probable quelques années après l'ouverture du canal.

Les résultats publiés par M. Johnson concernent le tonnage total du canal; pour la question qui nous occupe, il faut en extraire les éléments relatifs à l'Europe et la côte Est des États-Unis d'une part, à l'Australasie d'autre part.

M. Jullidière a obtenu de la sorte pour le mouvement probable vers 1915 les résultats ci-après:

De Panama vers l'Australasie, 919,000 tonneaux.

De l'Australasie vers Panama, 746,000 tonneaux (1).

*Trafic probable du port d'escale.* — Peut-on espérer que nos établissements de l'Océanie pourront bénéficier de ce mouvement dans une proportion suffisante pour justifier la construction d'un port d'escale?

MM. Jullidière et Douvry qui ont étudié spécialement la question répondent tous deux affirmativement. Ils diffèrent seulement, comme nous allons l'expliquer, sur les motifs qui détermineront les navires à faire escale et par suite sur le genre de navigation qui constituera la clientèle principale du port.

Les principales routes que suivront les navires entre Panama, la Nouvelle-Zélande et l'Austalie sont l'arc de grand cercle Panama-Sydney et l'arc de grand cercle Panama-Wellington.

L'arc de grand cercle Panama-Sydney passe sensiblement à Auckland et coupe le méridien de Papeete à peu près au 33° degré de latitude Sud; distance totale: 7,674 milles.

L'arc de grand cercle Panama-Wellington coupe le méridien de Papeete au 39° de latitude sud environ; la distance Panama-Sydney-Wellington est de 7,739 milles.

L'augmentation de parcours pour une escale à Tahiti, en contournant les Tuamotu au Nord-Ouest, est de 275 milles dans le premier cas et de 329 milles dans le second.

Le déroutement est, pour chacune de ces routes, une fraction assez faible de la distance totale pour que l'on puisse rechercher s'il ne pourrait pas être compensé par des avantages supérieurs.

M. Douvry estime que les paquebots et les bateaux mixtes transportant marchandises et passagers de Panama en Australie, qu'ils touchent ou ne touchent pas en Nouvelle-Calédonie, feront escale à Tahiti pour éviter à leurs passagers un parcours en mer de trop longue durée. A son point de vue, les cargos n'auraient jamais intérêt à faire un détour par Tahiti: en tout cas, il lui paraît certain que les navires, quels qu'ils soient, qui feront escale à Tahiti, éviteront d'y charbonner en raison du prix élevé qu'y atteindra le charbon.

M. Jullidière, au contraire, croit d'avis que la distraction des passagers ne sera qu'une considération accessoire; à son point de vue, la raison déterminante de l'escale sera la possibilité pour les navires, paquebots ou cargos, d'accroître leur capacité utile au départ en remplaçant une partie de leur portée en combustible par du fret complémentaire.

Calculant à titre d'exemple, pour un navire donné, en tenant compte des prix probables de charbon à Panama et à Tahiti, les frais et les recettes supplémentaires résultant de l'escale, M. Jullidière constate que lorsque le fret sera abondant au départ, le charbonnage en route

sera avantageux et il en conclut que l'opération se fera.

M. Douvry a calculé, lui aussi, les frais réels de l'escale pour des navires déterminés, mais il ne fait intervenir dans la balance aucune contrepartie en recettes. Il ne faut pas s'étonner dès lors que sa conclusion soit opposée.

Sans insister davantage sur ces calculs, il est permis de croire avec M. Jullidière que la création d'un dépôt de charbon au milieu du Pacifique aura pour effet d'augmenter la capacité de transport des navires qui en profiteront. Cette augmentation se traduira par une recette complémentaire qui pourra, lorsque les circonstances seront favorables, dépasser les frais de l'escale. Ces circonstances varieront avec l'abondance et le prix du fret, les prix du charbon à l'escale et aux points de départ, la durée du séjour et les taxes à payer dans le port. Ces éléments sont trop nombreux et les plus importants trop variables, pour qu'on puisse espérer faire sortir la solution de la question d'une formule générale. C'est dans chaque cas, et pour ainsi dire à chaque voyage, que les armateurs devront calculer les résultats financiers d'une escale à Tahiti et se déterminer en conséquence.

Dans ces conditions, l'utilité du port d'escale ne paraît pas douteuse, bien que le calcul du tonnage probable échappe à toute précision (1).

Mais M. Douvry développe, à l'encontre de l'opportunité de la création d'un dépôt de charbon en Océanie des arguments d'une nature particulière.

Il rappelle que la navigation au pétrole, qui semble avoir des tendances à se généraliser, pourrait ruiner absolument toute affaire basée à Tahiti sur la vente du combustible, parce que le pétrole permet des parcours plus longs avec un approvisionnement plus léger. Il signale en outre la possibilité et la probabilité du remplacement des machines à vapeur par des moteurs à combustion interne qui consomment beaucoup moins. Un chapitre entier de son rapport très documenté et très intéressant est consacré à l'étude de l'état actuel de la question des moteurs à pétrole pour la propulsion des navires.

On ne peut nier, en effet, l'importance de cette question au point de vue qui nous intéresse; c'est un aléa dont il convient de tenir compte.

Il ne faut cependant rien exagérer; le chauffage au pétrole n'est pas encore de pratique courante; il n'est pas absolument certain qu'il le soit jamais.

Au surplus, la transformation du matériel de la navigation, si elle devenait inévitable, exigerait des capitaux énormes, elle ne pourrait donc être réalisée qu'avec du temps. Il est permis de penser que d'ici là, la navigation au charbon aura pu produire les effets favorables qu'on peut en attendre pour notre établissement de l'Océanie. Il serait vraiment d'une prudence excessive de renoncer à profiter des circonstances actuelles pour éviter les conséquences possibles d'une éventualité lointaine qui bouleverserait les conditions économiques de la navigation dans le monde entier.

Le comité estime en conséquence qu'il n'y a pas lieu de s'arrêter à cette objection; c'est d'ailleurs également l'opinion de M. Douvry, au moins en ce qui concerne la création du port d'escale, puisqu'il prévoit pour ce port un élément suffisant de prospérité dans la fréquentation des navires ne se ravitaillant pas en combustible,

*Choix du port d'escale.* — Au point de vue de la réduction de longueur de la route, le port le mieux placé pour une escale serait celui de Rapa à 50 milles environ de l'arc du grand cercle Panama-Sydney. Rapa présente une rade bien abritée, mais la passe est sinueuse et difficile. L'île est à peu près inhabitée et aucun commerce ne peut s'y établir, l'escale serait réduite au dépôt de charbon.

Les membres de la mission sont unanimes à

affirmer la supériorité de Papeete à cet égard tant à cause des facilités de son port que de ses ressources de toute nature. C'est également l'avis de la société d'études.

Il nous paraît inutile d'insister davantage, le choix de Papeete comme port d'escale ne paraissant pas pouvoir être sérieusement contesté.

CHAPITRE II

PROGRAMME ET ÉVALUATION DES TRAVAUX A ENTREPRENDRE POUR LA CRÉATION D'UN PORT D'ESCALE A PAPEETE

*Description générale de la rade et du port de Papeete.* — La côte de Tahiti est bordée par un récif de corail séparé de la terre par un chenal communiquant avec la haute mer par une série de coupures naturelles.

La rade de Papeete est constituée par un élargissement du chenal de ceinture. On trouve dans la rade un certain nombre de récifs intérieurs, tels que celui qui porte l'îlot Motu-Uta; la profondeur y est partout très grande, souvent supérieure à 20 mètres, elle atteint parfois 40 mètres.

Il existe à Papeete deux marées se produisant chaque jour aux mêmes heures; l'amplitude est au plus de 45 centimètres. Le niveau de la mer subit en outre accidentellement des mouvements plus amples que l'on appelle raz-de-marée. Lors du dernier raz-de-marée, en février 1906, la montée de la mer a été de 2 mètres environ.

D'octobre à avril, les vents sont de toute direction et de toute intensité; de mai à septembre, l'alizé parvient le plus souvent à Papeete sous forme d'une brise d'Est plus ou moins forte avec une houle du Nord-Est.

La partie abritée du rivage dans la baie offre un développement de 1,200 mètres environ où l'on pourrait établir des ouvrages d'accostage dans des conditions satisfaisantes. Il existe actuellement dans le port deux appontements en charpente parallèles à la rive. Le premier est public et à 183 mètres de longueur; il n'offre qu'une profondeur d'eau insuffisante de 6 mètres.

Le second appontement est, en fait, réservé à la compagnie des phosphates qui l'a entièrement construit à ses frais. Les droits de la compagnie sont définis par un arrêté du 10 décembre 1910 qui, tout en déclarant l'appontement public en principe, donne à la compagnie une priorité absolue.

Enfin, Papeete possède une cale de halage pour navires de 300 tonneaux; mais, faute d'entretien, on n'ose pas s'en servir.

Le port de Papeete est fréquenté principalement: 1° par la ligne de Sydney à San Francisco de l'union Steam Ship C° of New-Zealand;

2° Par une autre ligne de la même compagnie allant de Sydney à Tahiti et passant par les îles Sous-le-Vent;

3° Une ligne française de la compagnie navale de l'Océanie.

Le mouvement du port dans les trois dernières années a été le suivant, entrées et sorties réunies:

| | |
|---|---|
| 1909 | 45.320 tonneaux |
| 1910 | 46.115 — |
| 1911 | 64.784 — |

Les droits d'entrée s'élèvent actuellement à 375 millimes par tonneau de jauge brute.

*Entrée du port.* — La coupure du récif qui constitue la passe de Papeete présente une profondeur d'au moins 9 mètres sur une largeur de 65 mètres: elle est traversée par un courant de vitesse variable qui porte constamment vers le large. Ce courant qui est suffisant pour entretenir les profondeurs paraît dû au déversement de la mer dans le chenal par dessus la crête du récif sous l'action des lames du large.

M. Jullidière propose d'araser les coraux à 13 mètres de profondeur sur une largeur de 150 mètres. Le comité approuve ces dispositions qui permettront à tout navire ayant franchi le canal de Panama d'entrer dans la rade de Papeete: il fait observer toutefois, comme l'a signalé l'auteur du projet, qu'il y aurait intérêt à infléchir un peu l'axe de la future passe sur la direction actuelle, de manière à diminuer l'angle que fait cet axe avec la direction du courant de sortie des eaux de la rade.

L'élargissement et l'approfondissement de la passe ne paraissent pas devoir entraîner une réduction de la vitesse du courant assez sen-

---

(1) D'après M. Douvry, le chiffre à extraire du travail de M. Johnson serait de de 1,858,000 tonneaux; il n'y a pas lieu d'insister sur cette différence, d'ailleurs peu sensible, les chiffres indiqués ne pouvant que donner une idée de l'ordre de grandeur du tonnage probable.

(1) A titre d'indication pouvant faire ressortir l'ordre de grandeur du tonnage probable, M. Jullidière indique 900,000 et obtient ce chiffre en supposant que dans le sens Panama-Australie, les neuf dixièmes des navires auront intérêt à charbonner à Tahiti, et que cette proportion sera seulement d'un dixième dans le sens inverse.

M. Douvry de son côté admet que l'on peut compter sur ce qui correspond à un tonnage de 230,000 tonneaux.

sible pour que l'on ne puisse espérer que la profondeur continuera à se maintenir sans entretien.

L'éclairage de l'entrée serait assuré comme le propose le projet par un feu supérieur blanc et deux feux inférieurs, rouge et vert ; les alignements des feux deux à deux limiteraient la partie saine de la passe. Il a paru au comité qu'il était inutile de placer sur le récif même, près de la passe, un pylône surmonté d'un feu ; l'éclairage réalisé par les feux à terre suffit ; on pourra seulement installer à peu de frais quelques balises sur le récif.

Le comité admet l'évaluation de 650,000 fr. proposée par M. Jullidière pour les travaux de déroctage à faire dans la passe.

*Eclairage de la route d'accès au port.* — Le comité estime, comme M. Jullidière, qu'il convient d'éclairer dans le plus bref délai possible la route passant au nord de l'archipel Tuamotu ; mais les conclusions, sur ce point, du rapport du chef de la mission doivent être modifiées, en ce sens qu'il est nécessaire d'exécuter de suite tous les travaux d'éclairage de cette route et non pas le seul feu de Matahiva.

Il importe, en effet, de profiter de cette circonstance que les feux sont très rares dans ces parages du Pacifique, pour forcer les navires à passer devant Papeete en leur procurant une route éclairée suivant les procédés les plus modernes dans le passage entre les nombreuses îles qui parsèment cette partie de l'Océan.

Pour réaliser l'éclairage de la route d'accès et celui de l'entrée de la passe, le comité en propose l'établissement des phares et feux du port ci-après :

1º Phare de Fatuhiva (Marquises) en un point à reconnaître aux environs de la cote 60, si possible, et d'après la partie d'horizon à reconnaître. Tour en maçonnerie de 15 mètres environ de hauteur avec corps de logis ;

2º Phare de Matahiva, près de l'extrémité Nord de Matahiva (limite Ouest de l'archipel des Tuamotu) en un point à reconnaître aux environs de la cote 4,50.

Tour en béton armé élevant le plan focal à la cote 65 au moins avec corps de logis ;

3º Phare de Tétiaroa, sur l'îlot Est du groupe de Tétiaroa en un point à reconnaître aux environs de la cote 4,50.

Tout en béton armé, élevant le plan focal à la cote 20 environ, avec corps de logis ;

4º Phare de la pointe Vénus, à Tahiti, sur la pointe Nord de l'île.

Petite tour ronde sur pyramide quadrangulaire, plan focal à 25 mètres au-dessus de la mer ;

5º Feu supérieur de Papeete, près de l'emplacement du feu amont de l'alignement actuel.

Tour en maçonnerie de 2 mètres de diamètre intérieur élevant le plan focal à 25 mètres au moins de hauteur au-dessus de la mer ;

6º Feu de bâbord à Papeete, sur le rivage à 250 mètres environ du précédent et donnant avec lui un alignement passant par le bord Nord-Est de la passe d'entrée.

Tour en maçonnerie de 2 mètres de diamètre intérieur élevant le plan focal à 12 mètres environ au-dessus de la mer ;

7º Feu de tribord à Papeete, sur le rivage ou sur la batterie de l'embuscade, à une distance de 250 à 300 mètres du feu supérieur et donnant avec lui un alignement par le bord Sud-Ouest de la passe d'entrée ;

8º Phare de Moorea sur la côte Sud de l'île de Moorea en un point à reconnaître d'après la partie d'horizon à éclairer.

Tour en béton armé de 2 mètres de diamètre intérieur et 10 mètres environ de hauteur, élevant le plan focal à 30 mètres au moins au-dessus de la mer, avec corps de logis.

Les caractères des feux, les dimensions des appareils d'éclairage, les portées lumineuses, ainsi que les dépenses afférentes à l'acquisition des appareils et à la construction des édifices sont résumés dans un tableau joint au présent rapport. La dépense totale est évaluée à 1 million 200,000 fr. environ.

Il faut prévoir, en outre, une somme de 300,000 fr. pour l'acquisition d'un bateau baliseur indispensable pour assurer le service de l'éclairage.

Il convient d'observer que l'étude d'exécution des édifices ne pourra être commencée qu'après une reconnaissance sur place par des officiers de marine des conditions d'accès et de ravitaillement des nouveaux feux ; il serait désirable que ce travail préparatoire fût fait sans retard.

*Traversée de l'archipel des Tuamotu.* — Le passage à travers l'archipel des Tuamotu raccourcirait de 70 milles environ la route de Panama à Tahiti. Malheureusement l'hydrographie de ce groupe d'îlots est trop imparfaite pour qu'on puisse établir d'après les cartes actuelles un projet d'éclairage ; la position même de ces récifs n'est pas connue actuellement avec une précision suffisante pour que des navires à allure rapide puissent venir en sécurité chercher les passes qu'ils laissent entre eux. Il y aurait donc le plus grand intérêt à faire une reconnaissance hydrographique des Tuamotu pour dresser une carte exacte de ces îlots.

*Ouvrages de protection contre la mer.* — L'auteur du projet propose de protéger le port par des jetées établies sur le récif des coraux. Cette protection, inutile dans les circonstances ordinaires, lui paraît indispensable pour donner au port le calme nécessaire pendant les raz de marées qui viennent parfois ravager le littoral de l'île ; en 1906, notamment, le niveau de l'eau s'est élevé jusqu'à la cote + 2.

Il n'a pas semblé au comité que la dépense prévue pour la protection de la rade par des digues de coraux est + 0.45, c'est-à-dire à peu près le niveau des hautes mers moyennes ; la largeur des récifs est relativement grande, elle atteint plus de 100 mètres. Dans ces conditions la houle ne peut en aucune façon se développer dans le port ; elle pénétrera par la passe creusée à 13 mètres de profondeur ; mais en raison de la faible largeur de la passe comparée à l'étendue de la rade, elle s'atténuera très sensiblement. D'autre part, l'ondulation du large ne pourra, en aucun cas, se propager dans la rade par-dessus le large récif où il ne reste que 1 m. 50 de profondeur au maximum.

L'eau du large se déversera dans la rade ; il y aura de ce fait dans le port une agitation qui sera gênante pour les embarcations, mais que n'ont pas à redouter les navires de mer au mouillage. La rade est à ce point de vue d'une sécurité parfaite ; les opérations de déchargement seront seulement interrompues pendant quelques heures. Si, à l'agitation de la mer provoquée par un raz de marée venait s'ajouter le vent du cyclone, on devrait prendre des précautions spéciales pour les embarcations, et les abriter par exemple dans le petit chenal situé à l'Ouest du port ; on pourrait prévoir à ce fait quelques dispositions peu coûteuses ; mais d'après les instructions nautiques, les cyclones ne passeraient jamais sur l'île même de Tahiti.

Les parages des îles de la Société, de Tuamotu et des Marquises marquent en effet la limite orientale extrême de leur parcours dans le Pacifique Sud. Ces météores y sont extrêmement rares. Outre celui de 1906, mentionné dans le rapport de M. Jullidière, on peut citer ceux de février 1878 et de janvier 1903 qui ont ravagé partiellement les Tuamotu. La tradition indigène fait remonter le cas précédent au début du dix-neuvième siècle.

Les cyclones qui prennent naissance, en général, près des Marquises, ne suivent pas ce qu'on peut appeler la trajectoire normale qui les ferait passer sur Tahiti ou dans son voisinage ; ils sont pour ainsi dire attirés par les Tuamotu sur lesquels pendant la saison chaude l'atmosphère est très humide. D'autre part, ceux qui naissent à l'ouest des Marquises, passent à l'ouest et au sud de Tahiti sur les îles de Cook et de Tubuaï.

Ces considérations permettent d'expliquer ce fait que, depuis l'occupation des îles de la Société, il n'a jamais été constaté qu'un centre cyclonique ait passé sur Tahiti ou dans son voisinage ; les cyclones qui passent soit au nord soit au sud, s'y manifestent sous forme de raz de-marées (1878 1903-1906).

Le comité estime que, dans ces conditions, il n'y a pas lieu de prévoir des ouvrages de protection à établir sur les récifs, mais qu'il conviendra de placer les bas des terres-pleins et autres ouvrages du port à la cote de + 2.50. En tous cas, si ces ouvrages de protection de vaient être maintenus, il y aurait lieu de modifier leur tracé, pour les rendre moins coûteux et plus efficaces. Des ouvrages ainsi conçus n'empêcheraient d'ailleurs ni le vent du cyclone s'il se produisait, ni la houle entrant par la passe, ni l'agitation des eaux produites par la grande ouverture du port du côté de l'ouest.

*Ouvrages d'amarrage et d'accostage.* — Les navires qui feront escale à Papeete pour charbonner n'ont pas besoin de places à quai ; ils devront rester en rade amarrés par l'avant et par l'arrière sur des coffres retenus par des corps morts ; en cas de fort vent du Nord, les navires pourront larguer les amarres d'arrière pour éviter cap au vent.

Une dépense de 100,000 fr. doit être prévue pour l'installation de ces organes d'amarrage.

Les navires qui débarqueront ou embarqueront des marchandises devront, au contraire, pouvoir faire leurs opérations à quai. L'appontement public actuel ne peut recevoir que des navires de 6 mètres de tirant d'eau. Mais M. Jullidière pense qu'il serait possible et utile de l'améliorer. Ce serait là, à notre avis, la première chose à faire pour parer au plus pressé. Cet appontement ne sera pas suffisant et il est nécessaire d'arrêter d'avance pour la construction des quais un plan rationnel à exécuter progressivement suivant les besoins.

M. Jullidière propose de construire les nouveaux quais dans la partie ouest de la baie au sud de la pointe de Fare Ute, en suivant deux alignements de 350 et 250 mètres. Il serait bien préférable de ne prévoir qu'un alignement unique ; et il conviendra de rechercher, lors des études d'exécution, s'il ne serait pas possible d'obtenir ce résultat sans dépenses excessives.

A ce sujet, on a émis l'émis qu'il y aurait peut être intérêt, par analogie avec ce qu'on voit dans les autres ports du Pacifique, à établir des appontements transversaux, mais l'accroissement rapide des profondeurs et aussi la superficie restreinte de la rade ne permettent pas d'adopter cette solution.

Les quais projetés présenteraient une profondeur d'eau disponible de 12 m. 20 sous basse mer ; ils pourraient être utilisés par tous les navires susceptibles de franchir le canal.

Sous réserve des résultats de reconnaissance du terrain de fondation par des forages, M. Jullidière a étudié un type d'ouvrage constitué par deux séries de piles fondées à l'air comprimé sur lesquelles on établirait un plancher en béton armé, capable de porter environ 3,500 kilogrammes de surcharge par mètre carré ; le terre-plein serait soutenu par un massif d'enrochements surmonté d'un mur fondé à 30 centimètres au-dessus des basses mers.

Cette prévision peut être considérée comme satisfaisante pour une estimation d'avant-projet, mais il sera sans doute possible lors des études d'exécution d'adopter un type d'ouvrage plus économique.

M. Jullidière propose de construire de suite 350 mètres de quais dont 250 mètres seraient réservés au mouvement des marchandises, et 100 mètres au parc à charbon. Cette dernière attribution ne serait que provisoire, le parc à charbon ne devant être installé à sa place définitive que plus tard si l'escale se développe.

Cette combinaison ne paraît pas recommandable ; un quai d'un type aussi coûteux n'est nullement nécessaire pour desservir le parc à charbon et il est préférable dès lors de construire le parc à son emplacement définitif en réduisant d'autant la construction immédiate des quais publics.

Le comité propose, en conséquence, d'améliorer tout d'abord l'appontement actuel et d'exécuter ensuite un quai d'environ 300 mètres de longueur accostable par les plus grands navires.

La dépense peut être évaluée à 2,600,000 fr. dont 200,000 fr. pour l'appontement et 2,400,000 francs pour le quai à raison de 8,000 fr. par mètre courant.

*Parc à charbon.* — Pour l'installation du dépôt de charbon, M. Jullidière s'est rangé à l'avis de M. de Larminat, ingénieur en chef des ponts et chaussées, qui a étudié la question sur place pour le compte de la société d'études.

Le parc serait établi sur les terrains de Fare-Ute, à l'extrémité ouest de la rade, où il ne pourrait gêner les opérations commerciales, tout en étant aussi abrité que possible. Le sol du parc serait conquis sur le récif et constitué par des remblais soutenus par un massif d'enrochements arasé vers la cote + 0,30 et couronné par un mur en maçonnerie de 1 m. 50 de hauteur. En avant du massif d'enrochements et s'avançant jusque par les profondeurs de 8 à 10 mètres, serait construit un appontement d'une douzaine de mètres de largeur, le long duquel accosteraient les charbonniers.

La superficie du dépôt devrait être, d'après M. de Larminat, de 200 mètres de longueur et de 10 mètres de largeur ; avec des tas de 4 mètres de hauteur la contenance du parc pourrait atteindre 28,000 tonnes.

Le parc serait exploité au moyen de deux ordres d'engins mécaniques, les uns destinés au ravitaillement du dépôt, et les autres au ravitaillement des navires en escale.

La dépense à prévoir pour l'établissement de la plateforme du parc, y compris les appontements, peut être évaluée à 1,300,000 fr. pour l'accostage des charbonniers.

*Travaux accessoires*. — L'installation du parc à charbon entraînera l'obligation de déplacer la cale de halage, on pourra en profiter pour la reconstruire dans de meilleures conditions, et la rendre utilisable pour les bateaux de 800 tonnes de déplacement. La dépense peut être évaluée à 100,000 fr.

A Papeete, l'eau de la canalisation est bonne, mais en quantité insuffisante. La situation sous ce rapport, d'après les constatations faites par les membres de la mission paraît pouvoir être modifiée sans grandes difficultés. Il conviendra d'améliorer le captage actuel et de construire des réservoirs pour emmagasiner le débit nocturne qui, actuellement, est presque entièrement perdu. Si dans la suite le débit devenait encore insuffisant, on aurait la ressource de capter l'eau de la Fautaua à la sortie des turbines que va faire installer la société d'électricité.

La dépense n'a pas été évaluée, mais ne paraît pas devoir être très importante.

Il conviendrait aussi de construire des caniveaux dans les rues de Papeete et de prendre dès maintenant les mesures nécessaires pour débarrasser le pays des moustiques.

Enfin, il est indispensable d'installer à Tahiti un poste de télégraphie sans fil reliant Papeete aux postes à grande portée fonctionnant ou à établir dans les archipels voisins. Ce poste rentre même dans la catégorie des travaux de première urgence.

Le comité estime que pour ces travaux accessoires non évalués et tous autres imprévus il faut compter sur une somme à valoir de 750,000 fr.

L'estimation totale des travaux à entreprendre ressort ainsi à 7,000,000 de francs, savoir :

1° Construction de phares et acquisition d'un baliseur...................... 1.500.000
2° Amélioration de la passe de Papeete........................... 650.000
3° Construction de la plate-forme du parc à charbon y compris l'appontement pour l'accostage des charbonniers...................... 1.300.000
4° Amélioration de l'appontement actuel............................. 200.000
5° construction de 300 mètres de quais à grande profondeur à raison de 8,000 fr. le mètre courant...... 2.400.000
6° Installation de coffres et de corps morts dans la rade........... 100.000
7° Cale de halage................. 100.000
8° Adduction d'eau, télégraphie sans fil, travaux divers et imprévus....... 750.000

Total..................... 7.000.000

### CHAPITRE III

#### MODE D'EXÉCUTION DES TRAVAUX ET EXPLOITATION DU DÉPÔT DE CHARBON. — DROITS ET TAXES

La dépense de 7 millions de francs nécessaire pour la création du port d'escale n'est pas hors de proportion avec les avantages qu'on peut en attendre. La diminution du prix du fret qui en sera la conséquence fera cesser dans une large mesure l'isolement à peu près complet du reste du monde qui s'oppose actuellement au développement normal de nos établissements de l'Océanie. Il convient également de mention-

ner l'intérêt que peut présenter au point de vue des intérêts généraux du pays l'existence au milieu du Pacifique d'un port français bien ou tillé pour le ravitaillement en charbon.

Ce sont là des bénéfices indirects assez importants pour que l'on puisse s'en contenter. Il ne faut pas espérer par surcroît une rémunération du capital par le prélèvement de droits et de taxes sur les clients du port.

Pour ce motif, le comité estime que les travaux ne peuvent être exécutés que par l'Etat.

Mais il faut se hâter. Il paraît essentiel pour attirer le trafic dès le début de l'ouverture du canal d'avoir terminé les travaux en 1915, ou tout au moins la partie la plus essentielle de ces travaux, l'éclairage de la route, l'amélioration de la passe et l'aménagement du dépôt de charbon, l'installation d'un poste de télégraphie sans fil, soit une dépense de 3 ou 4 millions.

Cela n'est pas impossible.

Pour obtenir ce résultat le comité estime qu'il est indispensable d'organiser sans retard un service d'études qui dresserait un devis-programme pour la mise au concours de l'ensemble des travaux ; les quais dont l'urgence est moindre seraient cependant à comprendre dans l'entreprise générale en vue de réduire l'importance des frais généraux.

L'exploitation du dépôt de charbon constitue au contraire une entreprise commerciale et ne peut être gérée que par une société privée. Il faut donc faire appel à un commissionnaire en lui accordant les moyens, dans l'intérêt de l'Etat, de rendre l'affaire viable.

Dans les vues du comité le concessionnaire aurait à sa charge les frais d'acquisition et d'exploitation de tous les engins fixes et flottants. Le concessionnaire serait tenu d'entretenir un stock minimum et de verser à l'Etat une redevance dont le taux serait à débattre.

*Droits et taxes*. — Le droit actuel de 375 millimes par tonneau de jauge brute payé actuellement par les navires à l'entrée à Papeete est certainement trop élevé pour des navires qui viendront s'y ravitailler en charbon. Ce droit devra être révisé et remplacé par un droit de tonnage aussi réduit que possible et applicable à la jauge nette calculée comme elle le sera à Panama ; ce droit pourrait être complété par une taxe par tonne de charbon livré aux navires à la sortie.

M. Jullidière propose un droit de tonnage de 5 centimes par tonneau de jauge et une taxe de 4 fr. par tonne de charbon.

Cette dernière taxe nous paraît trop élevée.

Le charbon à Tahiti sera du charbon de Newcastle, en Australie ; ce charbon devra être vendu aux navires environ 40 fr. la tonne, en laissant au concessionnaire pour l'amortissement du capital et les bénéfices 5 fr. par tonne, une taxe de 4 fr. augmenterait ce prix de 10 p. 100. Il nous paraîtrait prudent de ne pas dépasser pour cette taxe un maximum de 2 fr.

M. Douvry propose pour les paquebots et les bateaux mixtes un droit de 30 centimes par tonne de jauge, une taxe de 2 fr. par tonne de charbon, et une taxe de 5 fr. par passager. Le comité estime qu'il est préférable de compter pour les navires de toutes catégories le même droit de tonnage de 5 centimes ; il estime que la taxe de 5 fr. sur les passagers serait exagérée et devrait être réduite à 1 fr. par passager à bord.

Il serait intéressant de rechercher le produit de ces taxes et de les comparer aux dépenses d'exploitation du port ; mais cette recherche serait un peu vaine en raison de l'incertitude du tonnage probable de l'escale. Dans l'hypothèse où s'est placée M. Jullidière pour le tonnage de l'escale, le produit serait de 269,000 fr., non compris le produit de la taxe sur les passagers.

900,000 tonneaux à 5 centimes...... 45.000
112,000 tonneaux à 2 fr............. 224.000
—————
269.000

D'après les chiffres de M. Douvry, le produit serait de :

236,640 tonneaux à 30 centimes...... 70.992
20,000 tonneaux à 2 fr............. 40.000
10.800 tonneaux à 5 fr............. 54.000
—————
161.992

Soit 165,000 fr.

*Conclusions*. — En résumé, le comité est d'avis que l'ouverture du canal de Panama justifie la création d'un port d'escale à Papeete et que la prospérité de ce port est étroitement liée aux facilités du charbonnage.

Les travaux à exécuter sont, par ordre d'urgence : 1° le balisage et l'éclairage de la route d'accès à Tahiti et de la passe d'entrée dans la rade de Papeete dans les conditions du tableau annexé au présent rapport ;

2° L'approfondissement à 13 mètres et l'élargissement à 150 mètres de la passe d'entrée du port de Papeete ;

3° L'établissement d'un poste de télégraphie sans fil reliant Tahiti aux postes à grande portée fonctionnant dans les archipels voisins ;

4° La création d'un emplacement d'environ 8,000 mètres carrés pour l'organisation d'un dépôt de charbon à Papeete, la construction des appontements nécessaires pour l'accostage des charbonniers et l'installation de coffres d'amarrage pour les navires en rade ;

5° L'amélioration de l'appontement public actuel qui peut être réalisée dans un délai relativement court, de façon à permettre l'accostage des grands navires à cet appontement ;

6° La construction de 300 mètres de quais à grande profondeur ;

7° La reconstruction de la cale de halage ;

8° L'amélioration de la canalisation d'eau et de la voirie ;

La dépense totale peut être évaluée à 7 millions de francs.

Il y a lieu de décider que les travaux du port seront exécutés par l'Etat ainsi que la plate-forme pour l'établissement du dépôt de charbon ; que l'entretien des ouvrages du port sera assuré par l'Etat. et que l'exploitation et l'entretien du parc à charbon seront concédés à une compagnie privée.

Il convient de réviser les droits actuels d'entrée à Papeete et de les remplacer par des droits moins élevés ; les nouveaux droits paraissent pouvoir être fixés comme il suit :

Droit de tonnage de 5 centimes environ par tonneau de jauge nette ;

Taxe de 2 fr. environ par tonne de charbon à la sortie du port ;

Taxe de 1 fr. par passager à bord.

Le comité exprime en outre l'avis qu'il conviendrait en raison de l'urgence :

1° De faire reconnaître le plus tôt possible par des officiers de marine les emplacements proposés pour l'établissement des feux, lesquels devront être installés dans le délai le plus court ;

2° De décider la mise au concours de l'exécution des autres travaux les plus importants par voie d'entreprise générale ;

3° De procéder simultanément à un appel d'offres pour l'établissement du dépôt de charbon ;

4° D'organiser de suite un service d'études pour l'élaboration des projets, programmes de concours, cahier des charges, etc.

Enfin le comité propose d'attirer l'attention de M. le ministre des colonies sur l'intérêt qu'il y aurait à effectuer à bref délai une reconnaissance hydrographique des Tuamotu en vue de dresser une carte exacte de cet archipel.

ANNEXE AU RAPPORT DU COMITÉ

# ÉCLAIRAGE DES

## TABLEAU RÉSUMÉ

| NOM DU PHARE | POSITION DU FEU ET NATURE DES ÉDIFICES | CARACTÈRE PROJETÉ<br>Nature et dimensions des appareils d'éclairage et des lanternes. |
|---|---|---|
| 1° — Fatuhiva............ | Sur la pointe sud de Fatuhiva (Marquises) en un point à reconnaître (aux environs de la cote 60 si possible et d'après la partie d'horizon à éclairer). Tout en maçonnerie de 15 mètres environ de hauteur avec corps de logis. | Un éclat blanc chaque 5 secondes. Appareil lenticulaire de 0 m. 70 de distance focale à 4 panneaux de 90° d'amplitude. Brûleur à incandescence par le pétrole avec manchons de 85 millimètres. Lampes de secours à 2 mèches à réservoir inférieur. Lanterne de 4 mètres de diamètre à glaces cintrées. |
| 2° — Matahiva............ | Près de l'extrémité nord de Matahiva (limite ouest de l'archipel des Tuamotu) en un point à reconnaître aux environs de la cote 4.50. — Tour en béton armé élevant le plan focal à la cote 65 au moins avec corps de logis. | A éclats blancs groupés, 2 par chaque 10 secondes. Appareil lenticulaire de 0 m. 70 de distance focale, à 4 panneaux de 90° d'amplitude sur plan losangé. Brûleur à incandescence par le pétrole avec manchons de 85 millimètres. Lampes de secours à 2 mèches à réservoir inférieur. Lanterne de 4 mètres de diamètre à glaces cintrées. |
| 3° — Tétiaroa............ | Sur l'îlot Est de groupe des Tetiaroa, en un point à reconnaître aux environs de la cote 4.50. — Tour en béton armé de 2 mètres de diamètre intérieur, élevant le plan focal à la cote 20 environ avec corps de logis. | A occultation régulière chaque 4 secondes. Appareil lenticulaire de 0 m. 30 de distance focale. Lampe à 2 mèches à réservoir inférieur. Lanterne de 2 mètres de diamètre à glaces cintrées. |
| 4° — Pointe Vénus à Tahiti. | Sur la pointe nord de l'île. Petite tour ronde sur pyramide quadrangulaire. Plan focal à 25 mètres au-dessus de la mer. | Feu existant, fixe blanc. Il y aura lieu d'examiner si l'éclairage nouveau de Papeete et la création des autres feux ne comportent pas de modifications du feu de la pointe Vénus. |
| 5° — Papeete feu supérieur. | Près de l'emplacement du feu amont de l'alignement actuel. Tour en maçonnerie de 2 mètres de diamètre intérieur, élevant le plan focal à 25 mètres au moins de hauteur au-dessus de la mer. | Fixe blanc. Appareil lenticulaire de 0 m. 30 de distance focale. Lampe à 2 mèches à réservoir inférieur. Lanterne de 2 mètres de diamètre à glaces cintrées. |
| 6° — Papeete feu de babord. | Sur le rivage, à 250 mètres environ du précédent et donnant avec lui un alignement passant par le bord N. E. de la passe d'entrée. Tour en maçonnerie de 1 m. 60 de diamètre intérieur élevant le plan focal à 12 mètres environ au-dessus de la mer. | Fixe rouge. — Appareil lenticulaire de 0 m. 1875 de distance focale. Lampe à une mèche à réservoir inférieur. Lanterne de 1 m. 60 de diamètre à glaces cintrées. |
| 7° — Papeete feu de tribord. | Sur le rivage ou sur la batterie de l'embuscade, à une distance du précédent de 250 à 300 mètres et donnant avec lui un alignement passant par le bord S. O. de la passe d'entrée. Tour en maçonnerie de 1 m. 60 de diamètre intérieur, élevant le plan focal à 12 mètres environ de hauteur. | Fixe vert. — Appareil lenticulaire de 0 m. 1875 de distance focale. Lampe à une mèche à réservoir inférieur. Lanterne de 1 m. 60 de diamètre à glaces cintrées. |
| 8° — Moorèa............ | Sur la côte sud de l'île de Moorèa, en un point à reconnaître (d'après la partie d'horizon à éclairer). Tour en béton armé de 2 mètres de diamètre intérieur et 10 mètres environ de hauteur, élevant le plan focal à 30 mètres ou moins au-dessus de la mer, avec corps de logis. | A occultations groupées par deux chaque 8 secondes. Appareil lenticulaire de 0 m. 30 de distance focale. Lampe à 2 mèches à réservoir inférieur. Lanterne de 2 mètres de diamètre, glaces cintrées. |

DES TRAVAUX PUBLICS DES COLONIES

# ACCÈS DE TAHITI

## DES PHARES

| PUISSANCE LUMINEUSE EN BECS CARCEL | PORTÉES LUMINEUSES EN MILLES ATTEINTES OU DÉPASSÉES PENDANT LES | | DÉPENSES AFFÉRENTES à l'acquisition des appareils et lanternes. | DÉPENSES AFFÉRENTES aux édifices et aux installations. | DÉPENSES TOTALES PAR FEU |
|---|---|---|---|---|---|
| | 50 p. 100 de l'année. | 90 p. 100 de l'année. | | | |
| 25.000 | 30.0 | 13.0 | 115.000 | 195.000 | 310.000 |
| 25.000 | 30.0 | 13.0 | 125.000 | 235.000 | 360.000 |
| 80 | 14 | 5.0 | 19.000 | 31.000 | 50.000 |
| » | » | » | » | » | » |
| 80 | 14 | 5.0 | 17.000 | 13.000 | 30.000 |
| 4 | 5.5 | 2.5 | 12.000 | 8.000 | 20.000 |
| 2.5 | 4.5 | 2.5 | 12.000 | 8.000 | 20.000 |
| 80 | 14 | 5 | 19.000 | 31.000 | 50.000 |

|  |  |
|---|---|
| Total............................ | 840.000 |
| Transports, montage sur place, somme à valoir... | 360.000 |
|  | 1.200.000 |
| Bateau baliseur................................... | 300.000 |
|  | 1.500.000 |

# TABLE DES MATIÈRES

PLAN
DE LA RADE DE PAPEETE.

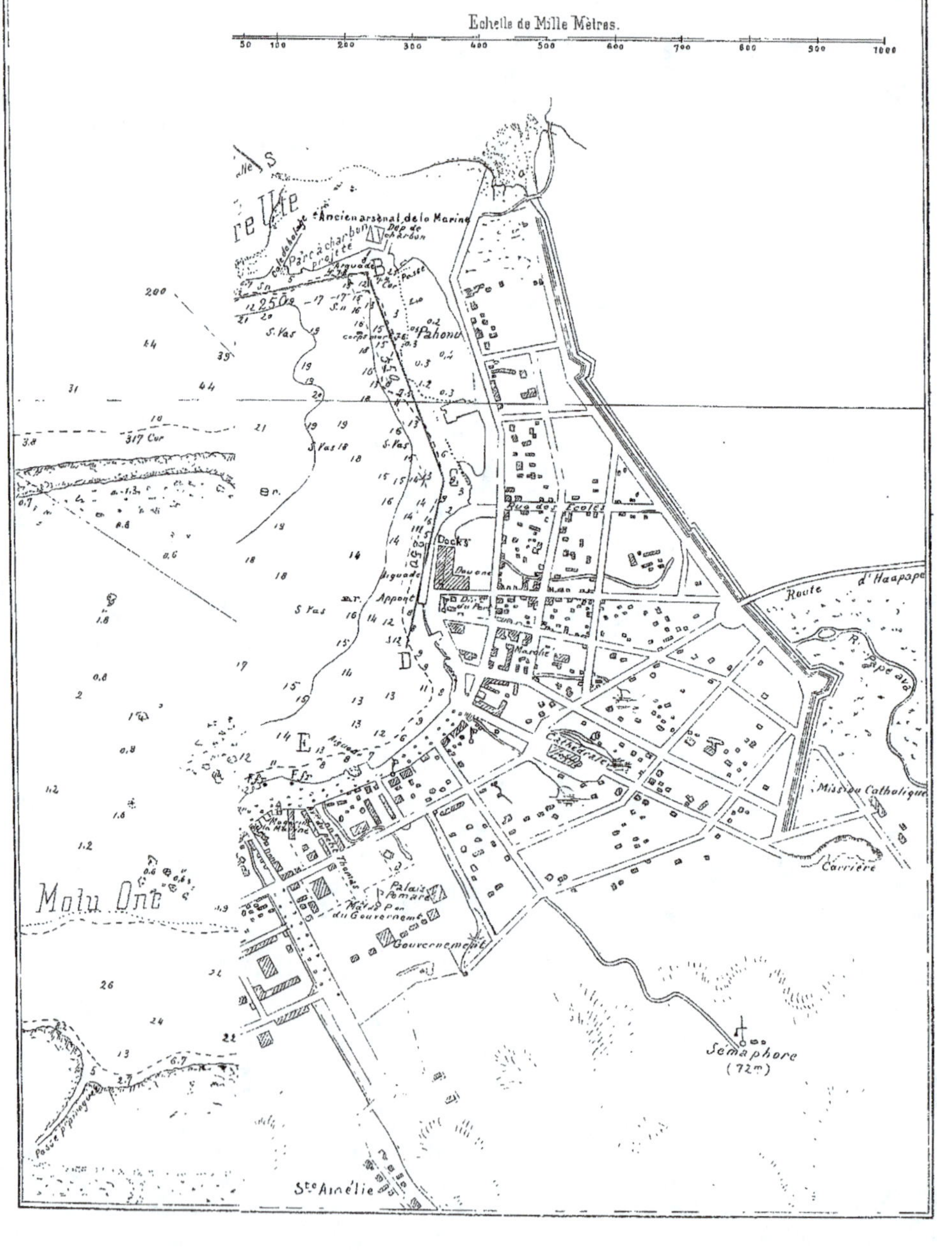

Echelle de Mille Mètres.
50  100  200  300  400  500  600  700  800  900  1000

Île S
re Ute
Ancien arsenal de la Marine
Dép. de charbon
Parc à charbon projeté
Aiguade
Bureau de Poste
Pahonu
S. Vas
Rue des Écoles
Docks
Douane
Apponté
Marché
Route d'Haapape
R. Papeava
Cathédrale
Mission Catholique
Carrière
Motu Ont
Palais Pomaré
Hôtel Pon du Gouvernemt
Gouvernement
Semaphore
(72m)
Ste Amélie

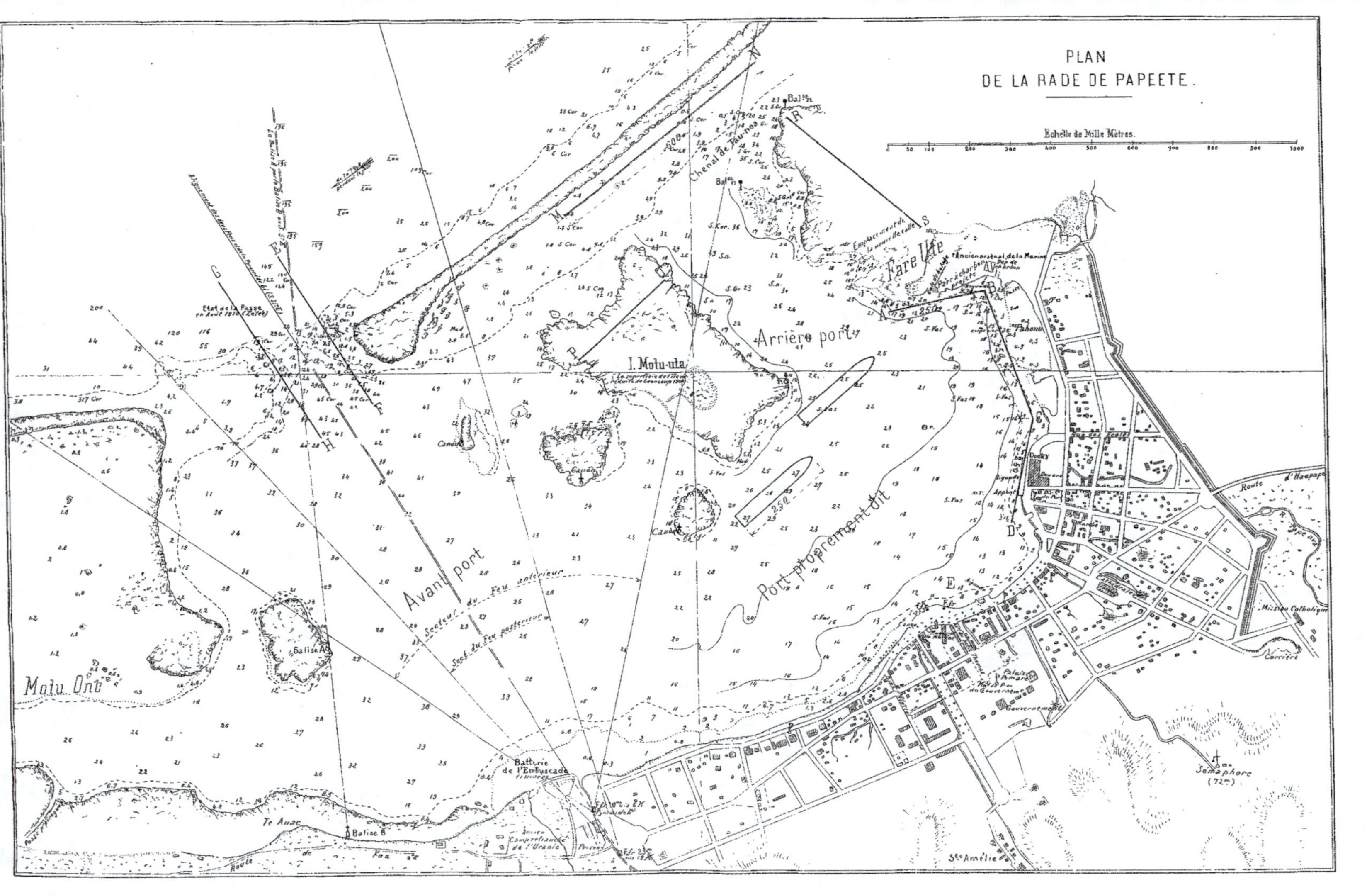

PLAN
DE LA RADE DE PAPEETE.
Echelle de Mille Mètres.
Fare Ute
Arrière port
Port proprement dit
Avant port
I. Motu-uta
Mission Catholique
Sémaphore (72m)
Batterie de l'Embuscade
Ste Amélie
Balise B
Te Auae
Motu One